产教融合——全国职业院校校长培训基地教程

向罗生◎主 编

吉林出版集团股份有限公司
全国百佳图书出版单位

图书在版编目（CIP）数据

产教融合：全国职业院校校长培训基地教程/向罗生主编. -- 长春：吉林出版集团股份有限公司，2023.10

ISBN 978-7-5731-4441-6

Ⅰ. ①产… Ⅱ. ①向… Ⅲ. ①高等职业教育—产学合作—中国—教材 Ⅳ. ①G718.5

中国国家版本馆CIP数据核字(2023)第205647号

产教融合——全国职业院校校长培训基地教程

CHANJIAO RONGHE:QUANGUO ZHIYE YUANXIAO XIAOZHANG PEIXUN JIDI JIAOCHENG

主　　编　向罗生

责任编辑　蔡宏浩

开　　本　787 mm × 1092 mm　1/16

印　　张　8.5

字　　数　189千字

版　　次　2023 年 10 月第 1 版

印　　次　2023 年 10 月第 1 次印刷

出　　版　吉林出版集团股份有限公司

发　　行　吉林音像出版社有限责任公司

（吉林省长春市南关区福祉大路 5788 号）

电　　话　0431-81629679

印　　刷：吉林省信诚印刷有限公司

ISBN 978-7-5731-4441-6　定　　价　88.00 元

如发现印装质量问题，影响阅读，请与出版社联系调换。

前　　言

　　产教融合是指产业和职业教育融为一体,职业院校和行业企业共同承担技术技能人才培养的责任,发挥育人双主体作用。在专业建设、人才培养方案制定、课程内容选择以及课程实施与评价等教育教学环节,改变职业院校作为育人单一主体、而行业企业参与或协助的被动局面,要求双方共同作为育人主体、积极作为,实现专业设置与产业需求、课程内容与职业标准、教学过程与生产过程、学历证书与职业资格证书等四个环节对接。产教融合的直接目的是提升技术技能人才培养质量,间接目的是提高企业生产效率。在组织形式上,产教融合鼓励"厂中校""校中厂",但并不意味着职业院校和行业企业在组织上要融为一体,而是要求双方在业务上融合与互补。简言之,产教融合"融"的是办学理念与思路,"合"的是教育教学内容与技术,做的是校企协调与互动,求的是提高人才培养质量与生产效益。在高职院校教育的具体实践中,诸如"订单"人才培养、"定向"人才培养、"校中厂"或"厂中校"等行之有效的探索,都是职业教育领域实施产教融合的具体模式。

　　本教程包含产教融合概论、产教融合的组织机构、产教融合的路径、产教融合校企合作实践、产教融合的评估、产教融合典型案例五个章节。第一章产教融合概论主要是对产教融合的内涵、特征、基本类型、发展历程、发展现状、发展趋势等进行了系统阐述。第二章详细在学校的治理结构、供给结构、培养目标、招生制度、师生社会实践等方面介绍了产业与教育融合发展的路径。第三章从办学模式、管理体制、三教改革、评价体系、合作方式等角度详细地介绍了产教融合校企合作实

践。第四章产教融合的评估主要是对产教融合评估的原理、机制、指标体系、结果运用等进行了系统阐述。

本书写作过程中曾参阅了相关文献、资料，也得到了同事和亲朋的大力支持，在此一并表示感谢。由于笔者水平有限，对相关理论的研究和理解还有待进一步深入，因此，存在一些问题和缺陷在所难免，敬恳请读者提出意见和建议，以便进一步改进。

编　者

前　　言

　　产教融合是指产业和职业教育融为一体,职业院校和行业企业共同承担技术技能人才培养的责任,发挥育人双主体作用。在专业建设、人才培养方案制定、课程内容选择以及课程实施与评价等教育教学环节,改变职业院校作为育人单一主体、而行业企业参与或协助的被动局面,要求双方共同作为育人主体、积极作为,实现专业设置与产业需求、课程内容与职业标准、教学过程与生产过程、学历证书与职业资格证书等四个环节对接。产教融合的直接目的是提升技术技能人才培养质量,间接目的是提高企业生产效率。在组织形式上,产教融合鼓励"厂中校""校中厂",但并不意味着职业院校和行业企业在组织上要融为一体,而是要求双方在业务上融合与互补。简言之,产教融合"融"的是办学理念与思路,"合"的是教育教学内容与技术,做的是校企协调与互动,求的是提高人才培养质量与生产效益。在高职院校教育的具体实践中,诸如"订单"人才培养、"定向"人才培养、"校中厂"或"厂中校"等行之有效的探索,都是职业教育领域实施产教融合的具体模式。

　　本教程包含产教融合概论、产教融合的组织机构、产教融合的路径、产教融合校企合作实践、产教融合的评估、产教融合典型案例五个章节。第一章产教融合概论主要是对产教融合的内涵、特征、基本类型、发展历程、发展现状、发展趋势等进行了系统阐述。第二章详细在学校的治理结构、供给结构、培养目标、招生制度、师生社会实践等方面介绍了产业与教育融合发展的路径。第三章从办学模式、管理体制、三教改革、评价体系、合作方式等角度详细地介绍了产教融合校企合作实

践。第四章产教融合的评估主要是对产教融合评估的原理、机制、指标体系、结果运用等进行了系统阐述。

　　本书写作过程中曾参阅了相关文献、资料,也得到了同事和亲朋的大力支持,在此一并表示感谢。由于笔者水平有限,对相关理论的研究和理解还有待进一步深入,因此,存在一些问题和缺陷在所难免,敬恳请读者提出意见和建议,以便进一步改进。

编　　者

前　　言

　　产教融合是指产业和职业教育融为一体,职业院校和行业企业共同承担技术技能人才培养的责任,发挥育人双主体作用。在专业建设、人才培养方案制定、课程内容选择以及课程实施与评价等教育教学环节,改变职业院校作为育人单一主体、而行业企业参与或协助的被动局面,要求双方共同作为育人主体、积极作为,实现专业设置与产业需求、课程内容与职业标准、教学过程与生产过程、学历证书与职业资格证书等四个环节对接。产教融合的直接目的是提升技术技能人才培养质量,间接目的是提高企业生产效率。在组织形式上,产教融合鼓励"厂中校""校中厂",但并不意味着职业院校和行业企业在组织上要融为一体,而是要求双方在业务上融合与互补。简言之,产教融合"融"的是办学理念与思路,"合"的是教育教学内容与技术,做的是校企协调与互动,求的是提高人才培养质量与生产效益。在高职院校教育的具体实践中,诸如"订单"人才培养、"定向"人才培养、"校中厂"或"厂中校"等行之有效的探索,都是职业教育领域实施产教融合的具体模式。

　　本教程包含产教融合概论、产教融合的组织机构、产教融合的路径、产教融合校企合作实践、产教融合的评估、产教融合典型案例五个章节。第一章产教融合概论主要是对产教融合的内涵、特征、基本类型、发展历程、发展现状、发展趋势等进行了系统阐述。第二章详细在学校的治理结构、供给结构、培养目标、招生制度、师生社会实践等方面介绍了产业与教育融合发展的路径。第三章从办学模式、管理体制、三教改革、评价体系、合作方式等角度详细地介绍了产教融合校企合作实

践。第四章产教融合的评估主要是对产教融合评估的原理、机制、指标体系、结果运用等进行了系统阐述。

本书写作过程中曾参阅了相关文献、资料,也得到了同事和亲朋的大力支持,在此一并表示感谢。由于笔者水平有限,对相关理论的研究和理解还有待进一步深入,因此,存在一些问题和缺陷在所难免,敬恳请读者提出意见和建议,以便进一步改进。

编　者

目 录 CONTENTS

第一章　产教融合概论

第一节　产教融合概念

一、产教融合的内涵

"产教"有两层含义。第一层含义是指产业与教育。产业,从经济学角度解释,是指存在并发展于社会、经济、管理活动中的人才、技术、资金、物资、信息等要素及这些要素连接而成的社会生产的基本组织结构体系。在职业教育领域,由于其自身所具备的教育与经济的双重属性,相关资源的生产性特征等,产教之间的关系也通常用经济结构与教育或专业结构的关系原理来解释。因此,在这层含义中,"产教融合"主要涉及职业教育的办学思想和体制构建等问题。第二层含义是指生产与教学,其中"生产"是职业教育教学的重要形态,侧重教学的实践情境;"教学"是侧重知识内容和技能、方法的学习。在这个层面上,"产教融合"侧重职业教育的教学模式和方法问题。职业教育的专业设置必须契合产业要求,课程内容必须对接职业标准,教学过程必须贴近生产过程,人才规格必须达到企业标准。

笼统来讲,产教融合是产业系统与教育系统相互融合而形成的有机整体。具体来讲,产教融合是教育部门(主要是院校)与产业部门(行业、企业)在社会范围内,充分依托各自的优势资源和优势,以互信和合约为基础,以服务经济转型和满足需求为出发点,以协同育人为核心,以合作共赢为动力,以校企合作为主线,以项目合作、技术转移以及共同开发为载体,以文化共融为支撑的产业、教育内部及之间各要素的优化组合和高度融合,各参与主体相互配合的一种经济教育活动方式。

不同专家学者对产教融合有不同的定义。1965年福斯特在《发展规划中的职业学校谬误》一文中首次提出"产教融合"的概念[1]。国内学界对产教融合的理解,一种观点认为产教融合是生产与教学的融合,另一种观点认为,产教融合既包括产业与教育的融合,也包括生产与教学的融合。在术语的使用上,我国经历从产教结合向产教融合的一个转变。1996年颁布的《中华人民共和国职业教育法》首次提出产教结合的概念;2010年出台的《国家中长期教育改革和发展规划纲要(2010-2020年)》明确实施产教结合的具体措施;2013年由十八届三中全会审议通过的《中共中央关于全面深化改革若干重大问题的决定》开始使用产教融合这一新的概念;2015年教育部下发的《教育部关于深化职业教育教学改革全面提高人才培养质量的若干意见》将产教融合作为职业教育教学改革的基本原则,并就如何推进产教融合提出具体的实施意见。与"结合"相比,"融合"表征着事物之间更深层次、更加紧密的联系。产教结合向产教融合的转变是对中国为了向价值链高端迈进而进行的产业结构转型升级所带来的对于高素质技能型劳动力需求上升的一种适应性改变。有学者认为产教融合的内涵经历了从人才培养模式、产教合作关系到教育与生产交叉的制度三个阶段,现为一种制度创新。还有的认为产教融合是一种"产业"和"教育""企业"和"学校""生产"和"教学"相融合的人才培养模式。产教融合是一个从融入、融通再到融合逐步演进和持续递进的发展过程,彰显着融合水平的不断提升。产教融合即产业与教育融为一体,其基本标志是产生新的产教融合合体或增长点。还有的认为产教融合教育系统和产业系统互联互通、紧密协作的融合发展过程,是社会各领域要素相互渗透、交叉、协同基础上的异质性、互补性融合,既是教育变革的重要方式,也是产业升级的有效途径。

产教融合是指产业和职业教育融为一体,职业院校和行业企业共同承担技术技能人才培养的责任,发挥育人双主体作用。在专业建设、人才培养方案制定、课程内容选择以及课程实施与评价等教育教学环节,改变职业院校作为育人单一主体、而行业企业参与或协助的被动局面,要求双方共同作为育人主体、积极作为,实现专业设置与产业需求、课程内容与职业标准、教学过程与生产过程、学历证书与职业资格证书等四个环节对接。产教融合的直接目的是提升技术技能人才培养质量,间接目的是提高企业生产效率。在组织形式上,产教融合鼓励"厂中校""校中厂",但并不意味着职业院校和行业企业在组织上要融为一体,而是要求双方在业务上融合与互补。简言之,产教融合"融"的是办学理念与思路,"合"的是教育教学内容与技术,做的是校企协调与互动,求的是提高人才培养质量与生产效益。在高职院校教育的具体实践中,诸如"订单"人才培养"定向"人才培养、"校中厂"或"厂中校"等行之有效的探索,都是职业教育领域实施产教融合的具体模式。

二、产教融合的理论依据

1.教育内外部的关系规律

产教融合中的教育主体实际上涵盖了基础教育、职业技术教育、普通高等教育等各个领域,已经扩展为一个整体性国家教育系统。20世纪80年代,我国高等教育专家提出了教育的两条基本规律,一条是教育与社会发展关系的规律,即教育作为社会的一个子系统与整个社会系统及政治、经济、科技、文化等其他社会子系统之间的相互作用关系的规律,简称为教育的外部关系规律,具体内涵就是教育必须与社会发展相适应,即教育既要受到一定社会的政治、经济、科技、文化所制约,又要为一定的社会政治、经济、科技、文化的发展需要所服务。产教融合是教育系统和产业系统之间相互依赖、相互作用的集中体现,但又不局限于两个社会子系统,政治、科技、文化等其他社会子系统也是深度参与其中,而且它们之间并不是孤立地、被动地参与和发挥作用。教育的外部关系规律深深蕴含于产教融合过程之中。另一条教育基本规律是教育和人的发展关系的规律,即教育系统内部各个因素或子系统之间的相互作用关系的规律,称之为教育的内部关系规律。产教融合即产生与又作用于教育系统,最根本的依然是为人才培养服务,促进人的全面发展。这两条内外部关系规律指向的是整个教育,而非单指高等教育;

二者的关系是平行的,而不是上下位的。依据教育的内外部关系规律,产教融合是教育系统改革创新的内生性具体实践方式,同样也是联结教育内部发展需要和外部环境要求的有效组织模式。产教融合是推进教育改革发展的应有之意和必然要求,也是培养创新人才的内在需要和有效途径,是符合教育发展客观规律的[2]。

2.大学—产业—政府三螺旋创新模型

在高等教育系统中,产教融合的核心主体之一就是大学。20 世纪 90 年代,美国学者开创了大学—产业—政府的三螺旋创新模型,主要研究知识经济时代,在区域创新系统中,大学、产业、政府三个核心主体之间密切合作、协同创新的新型关系。这恰好为产教融合发展提供了又一重要的理论支撑。大学—产业—政府三螺旋创新模型包含三个基本要素:一是在知识社会中,大学在创新系统里扮演着一个更加突出的角色,它的作用与产业、政府不相上下,甚至发挥着最大的作用。二是大学、产业、政府三个组织主体会进一步建立并提升协同合作关系,创新政策不再由政府单方面制定,而是各方相互作用的结果。三是每个组织主体在完成自己传统的同时,也能够承担起另外两个主体的角色。大学—产业—政府三螺旋创新模型的发展有四项维度:第一维度是每一个螺旋内部发生的变革;第二维度是一种螺旋对另一种螺旋产生的影响;第三维度是三螺旋中三维网络与组织主体相互作用所新覆盖的创造物;第四维度是新组织实体产生的递归效应,从最初的形成到更广阔的社会范围内的交互融合。总而言之,大学、产业、政府在保持自身独立地位、发挥传统作用的同时,又都能成为产教融合过程中的行动者、组织者、促进者,建立一种更为有效的、有活力的、非线性的交互式创新模式,从而和谐地共生演化,促进价值共创,构建创新生态体系。可以说,产教融合正是运用了大学—产业—政府三螺旋创新模式,各利益相关主体的密切合作、优势互补,有助于实现资源集聚与高校利用,人才集聚与创新创业,推进产教深度融合。

三、产教融合的特征

1.多元化主体合作共赢

产教融合的第一个特征是多元化主体合作共赢。政府、企业和院校都是产教融合的主体,政府的功能是通过制定政策,为企业与院校之间的合作提供制度上的依据和保障,优化校企合作的外部环境。企业的功能在于制定人才标准,参与人才培养,与院校共办专业,共建基地,共同研发。院校的功能在于搭建校企合作平台,将学校的办学、管理和人才培养环节融合于产业链、公共服务链和价值创造链。产教融合能够提升受教育者与企业岗位的契合度,并降低社会获得高素质技能型人才的成本,使政府、企业和院校在这一过程中同时受益。

2.多层次动态演化

产教融合的第二个特征是多层次动态演化。正如前文所指出,产教融合既可以狭义地理解为生产与教学的融合,也可以广义地理解为产业与教育的融合。产教融合包含不同层次的"产"与"教"的融合。具体到某一门课程,产教融合指的是院校的教学过程与企业的生产过程的融合。扩展到企业和院校层面,产教融合指的是企业和院校在办学体制、人才培养、师资建设、项目管理等方面的共同参与和合作。继续扩展到宏观经济社会层面,产教融合指的是国家产业发展战略与高等教育改革战略之间的相互融合。这三个层面上的产教融合都不是静态的,而是随着社会生产力进步动态演化发展的。"产"是经济基础,"教"是上层建筑。"产"决定着"教"的形态,"教"反作用于"产"。二者处于不断相互适应和促进的动态演化中。

3.资源优化组合与协同创新

产教融合的第三个特征是不同要素资源的优化组合与协同创新。企业掌握着技术和资本,院校掌握着人才和知识,产教融合实现归属于不同主体的要素资源之间流动和交融。从社会层面看,要素资源因为产教融合获得更多的组合可能性,企业和院校优化要素资源组合的努力引发双方的协同创新,提高新知识出现的速度。

四、产教融合的基本类型

通过对现有产教融合体的考察,可以将产教融合的类型分为办学融合体、教学融合体、产品融合体等三大类。

1.办学融合体

办学融合体就是产业与教育融为一体的办学实体。例如,股份制、混合所有制办学的院校和专业,通过引入国有资本、民营资本,将产业领域和教育领域的资本、技术、知识、管理等办学要素整合成若干股份,各方按一定比例持股,并按约定享受相应收益。产教办学融合体集产业和教育的各自优势,量身定制培养技术技能人才,符合职业教育人才培养规律,为政府所提倡和鼓励。又如,产教融合型企业,一般是指通过独资、合资、合作等方式,利用资本、技术、知识、设施、管理要素,依法举办或参与举办职业教育的规模以上企业。

2.教学融合体

教学融合体就是产业与教育融为一体的教学实体,如在线学习共同体、工作室、订单班、现代学徒制班等。在线学习共同体以学习者、教师以及专家等为主要成员,以沟通、交流和资源分享等活动形式为基本特征,共同完成一定学习任务的学习团体。教学融合体涉及的体制机制障碍较小,目前的职业教育产教融合主要发生在这一领域。

3.产品融合体

产品融合体就是产业与教育融为一体的职业教育和培训产品,如机器人教师、网络课程等。产品融合体是一个新兴领域,随着技术创新的快速发展,产教融合型职业教育与培训产品将取得重大突破。由于教育有基础教育、高等教育、职业教育、继续教育等之分,基于产业与不同教育类型的融合,又可以将产教融合体分为高等教育与产业融合的融合体、基础教育与产业融合的融合体、职业教育与产业融合的融合体、继续教育与产业融合的融合体等。从目前的情况看,职业教育与产业融合、高等教育与产业融合的现象最为多见。

五、产教融合的分类

产教融合是由职业教育的自身特点及技能型人才培养的需求决定的,产教融合根据职业教育与产业企业合作从微观到宏观的发展进程以及不同形式的融合模式可以进行纵向分层和横向分类。

1.从微观到宏观——产教融合的纵向分类

我国政府关于职业教育产教融合的探索始终都在进行,早期"实行两种劳动制度,两种教育制度"的思想及"半工半读"的主张,促进了我国职业教育的发展。这里的半工半读及工读交替是产教融合的微观层次——工学结合的两种具体形式,即课堂教学与生产实践的结合,理论知识与岗位能力的结合,课堂的理论教学内容能第一时间和企业的生产实践相结合,在生产实践中反过来对课堂理论知识进行检验和验证;校企合作是工学结合的上位概念,也即产教融合的中观层次概念,它是人才培养的具体操作和实践模式层面的概念,是产教融合的落脚点;产教融合是校企合作的上位概念,是国家职业教育体系和国家产业体系在宏观上的合作,是教育与产业深度合作的产物。产教融合要形成职业教育与产业一体化的发展格局,做到职业教育是融合到产业之中的职业教育,产业是紧密依靠职业教育发展的产业,教育为产业提供优秀技能人才和智力支撑,产业反哺职业教育,为职业教育提供财力支持。

2.产教融合(国外)典型模式——产教融合的横向分类

(1)"双元制"模式。"双元制"的参与方有职业院校和行业协会及企业,职业院校是其中"一元",行业协会及企业是另外"一元"。"双元制"模式的主导方是行业协会及企业,政府通过财政补贴和税费减免支持企业参与职业教育;"双元制"模式中在企业的技能培训占主要地位,学生在企业实践与在校理论学习的时间比最大的可达4:1,企业全程参与人才的培养。

(2)"合作教育"模式。"合作教育"实行的是半工半读、工读交替原则,与"顶岗实习"形式相近。由于"合作教育"采用的是半工半读、工读交替原则,因此,在管理上教育部门采取集中管理与分散管理相结合的办法。

(3)"三明治"模式。"三明治"其实质也是一种工读交替模式,通过"理论—实践—理论"的技能人才培养模式,在学校学习理论和到企业实践交替进行,从而保证理论知识和实践技能的同步提升。

六、产教深度融合的本质

1.统筹融合。产教深度融合重在融合,这种融合不是浅表的、形式化的,而是深度的、有丰富内涵的,并且这种融合是具有统筹规划性、有目的、有方向性的。政府在其中应发挥先导和统筹作用,针对产业和区域经济发展需求,优化和整合各方资源布局。而行业协会则根据行业发展趋势与需求,提供具体可行的建议。企业与高职教育机构作为融合的重要主体,是教育系统和产业系统融合的统筹载体。由于参与方多元化,利益分散化,需要政府进行统筹规划督导,构建优势互补、资源共享、梯次有序的统筹型产教深度融合网络。

2.联动发展。产教深度融合,融合的主体是"产"和"教",诸多学者对此进行详细解读,综合来看,指的是产业和教育、行业企业和学校、生产和教学的统一体。产业业态布局的不断更新、技术的更迭,产业的转型升级都会对职业教育的人才输出提出新要求,决定着职业教育的走向;职业教育也在进行知识技术的创新,会反作用于产业的发展,影响着产业变革的进程和效率,二者是联动发展的关系。行业会随着产业转型升级进行先进设备技术的更新,对从业人员的核心素养提出新要求;而学校作为人才的输出端,不仅应跟进行业企业配置,更应发挥技术研发作用,解决行业企业技术难题,二者也是联动发展关系。职业教育中,生产指导教学,教学促进生产,二者亦是联动发展关系。

3.供需对接。产教深度融合解决的根本问题是人才培养的供给侧和产业需求侧在结构、质量、水平上的矛盾。为适应新一轮经济发展和科技产业变革,亟需建立紧密对接产业需求链的职教体系,健全以市场需求为导向的人才培养调整机制。只有强化行业企业的主体地位,深刻认识产教深度融合的联动发展特性,积极培育市场导向、对接供需、规范运作的产教深度融合组织,强化市场需求对人才输出的市场调节机制,才能真正实现需求侧与供给侧、人才链与创新链的全方位对接。

4.协同创新。产教深度融合旨在构建一个文化、知识、技术协同创新的共同体,建设面向社会的开放共享、市场化、专业化的产教深度融合公共服务平台,为国家、行业、城市不断积累知识、技术和技能。高等职业教育与行业企业、中小创业型企业创新创业系统的建立,不仅增强创新创业人才集聚效应,促进院校和企业共同进行核心技术研发,而且注重将研发成果转化为生产力,推动企业核心技术提升、产业转型升级,最终服务于国家发展战略。

第二节　产教融合的发展历程

一、产教融合的历史演进

（一）国外产教融合的历史演进

1.德国"双元制"职教模式

德国"双元制"职教模式的形成和发展是社会经济发展和科技进步的产物,它的形成不是一蹴而就的,而是经过了几百年乃至上千年漫长的探索,在社会、经济和教育的传统发展基础上逐渐形成的。其发展历程大致可归纳为以下几个阶段:

（1）德国"双元制"职教模式溯源

"双元制"职教模式的源起可追溯至中世纪同业工会对师傅的培养,即师傅带徒弟的形式,它类似于我国很多企业中师傅带徒弟的传授技艺模式。资料表明,德国师傅带徒弟的形式可上溯到古希腊、罗马时期,但这一培训形式在手工业中的普遍推广是在 13 世纪,而达至鼎盛则是在中世纪末,当时较为系统地形成了"手工业师傅学徒"模式,即学徒通过一种正规的培训和教育由伙计成为师傅的形式。（学徒——伙计——师傅）

（2）德国"双元制"职教模式萌芽

随着现代自然科学和现代工业生产不断代替传统工艺,单单是传统的师傅带徒弟的手工培训方式已不能满足需要,许多问题需要理论知识去解决,同时动手操作也需要理解才能做得更好。

1890 年,"小资格证书"获得通过。其中规定:凡是进行学徒培训的企业主,必须自己首先通过"师傅"考试,即他必须同时出示"小资格证书",自此,只有获得证书的师傅才能被授予培训徒弟的权利。1897年,为了手工行业的经济稳定,德国修订了手工业条例,出台了《手工业者保护法》,它使得处于低谷的学徒培训重新恢复了活力。为了进一步完善学徒培训,1908年又修订并颁布了一个手工业条例,从而成为德国职业培训"双元制"——企业培训一元的基础。

1895-1914年间德国将原来的行业星期日学校改建为行业专业进修学校;将宗教星期日学校改建为普通进修学校;即使是在普通进修学校中也尽量传授与职业相关的理论知识。随着发展,两类进修学校从教学目标和内容上渐趋类同,并朝着对手工作坊职业培训进行文化补习的方向发展。1900年大多数大城市均将进修学校作为义务教育写入了地方法律。同时,一种按职业划分的进修学校在全德开始试行,教学按专业方向划分班级。每周的一个上午或下午进行授课取代了在星期日或晚间的授课。随着经济发展的需要,进一步建立了一批具有职教性质的进修学校,如工艺学校、制图学校、商业学校等,开设普通文化课与职业教育相结合的课程。1919年,魏玛宪法第145条明确规定:进修学校作为义务教育进行普及。1920年全国学校大会将进修学校的名称正式改为"职业学校",即现在"双元制"职业学校的雏形。

(3)德国"双元制"职教模式确立

这一阶段"双元制"经历了从大工业前那种松散的、不统一的企业与学校独立发展(即工业化前的培训模式和相互之间没有太多关联的企业和学校不规范的混合培训方式为特征的),向较现代化的和结构越来越明晰、合理的方向发展。时间跨度1920-1970年,以出现了具有工业特色的学徒培训和职业学校为主要标志。

20年代发展起来的进修学校,经过缓慢的、不稳定的发展,已成为被大众普遍认可的学习场所。这一时期发展起来的新的培训模式受到"科学管理"思想的严重影响,形成了职业培训三个基本的方面:车间和职业学校培训机构的建立;有条理的培训过程;标准的培训课程和组织方法、训练计划。在此期间,一些专门机构如德国技术学校委员会、德国技术工人培训学院和职业培训工作委员会建立起来。这些机构完善了职业培训,进一步强化了培训系统,这是在以前传统的手工业培训中都不曾有过的。1934年,形成了公共职业学校的体系标准,各个州的学校主管部门集中成立了皇家科学、教育和公共教育部。1936年前后引进了"专业工人"、"技术工人"新概念,手工业行会的统治地位因专业考试的垄断地位被打破而不复存在,新的资格培训类型诞生,这就是后来"双元制"体系构成的主要部分。1937年,"职业学校"这一标准学校名称被普遍使用,政府制订统一的教学计划,开始组织企业内培训,学校也被强制使用标准课程(皇家课程)。同年,对职业学校的赞助规定和培训基金的管理办法等一些重大事项也制订了标准规则。1938年,学生参加职业学校的学习被纳入全国性的义务教育范畴。1940年,统一了职业教育的教学时间。

1948年,德国教育委员会在《对历史和现今的职业培训和职业学校教育的鉴定》中首次使用"双元制"一词,正式将存在了一百多年的企业与职业学校合作办学的"双元制"职教形式用语言确定下来;1953年综合性的职业培训条例出台。1969年,德国政府颁布实施了《职业教育法》,标志着"双元制"开始有了法律上的确定意义,"双元制"得以全面制度化和法制化。同时,这一法律的实施也标志着德国职业培训传统时代的结束和新纪元的开始。

（4）德国"双元制"职教模式完善

1969年以前,不系统的培训立法主要将职业培训限制为"私人范畴的事情",这意味着职业培训受雇主利益政策的限制和社会上不同利益集团政策的限制,而没有作为"公共任务"来执行。1969年《职业教育法》颁布实施后,联邦德国"双元制"培训体系也在此基础上形成了。至此,直接由私人企业控制的职业训练制度宣告结束。与此同时,在每个职业还有各自的培训条例,这是一个在职教课程领域内具有法律效力的文件,在全德职教课程中起着统一定向和规范指导的作用,保证了全德统一的职业培训质量和造就具有资格的职业人才。开发、协调、颁布一个职业的新培训条例一般需要2年时间,大约10年作一次大修订。

20世纪70年代,德国的改革者主张基础职业培训标准化,在职业学校内进一步充实一些实用的培训内容,实行"基础职业教育年",尝试给"双元制"一个新的现代结构。然而,"基础职业教育年"只是部分地被接受。1972年,在联邦范围内对企业内部培训和各州职业学校培训的课程结构进行了协调。1974年,据法律规定,政府建立了联邦职业培训研究所并颁布了正式承认的培训职业。职业培训研究所主要负责职业培训领域的研究和开发,后来发展成为现在的联邦职教所。《职业教育法》的颁布和联邦职教所的建立,解决了困扰"双元制"职业培训发展的主要问题。从此"体制"变成一种形式被固定下来,法律上也取得了合法地位。此后,由于科技的广泛应用、人口激增及人们选择职业方式的变化,传统的培训结构被打破,职业学校和企业培训同时并举的职业教育得到相应发展,并渐趋完善,职业学校教师也开始在不同的层次上参加职业培训的计划、实施和检查工作。1981年,联邦政府颁布《职业教育促进法》,对《职业教育法》进行了补充和完善。第一次将职教和培训岗位需求相结合;明确职教应该成为公共事业的责任和义务;特别强调职教的政治性制度安排的意义,指出政治决策的决定因素不应是经济界的需求,而应是青年人对职教的需求。

自20世纪80年代后,德国从学徒工培训到中等、高等职业教育及在职培训已形成一个比较完整的体系,各州、市形成了一个严密的职业教育网,从而使德国在普及职业教育方面处于领先地位。1990年,原联邦德国的"双元制"职教模式被全盘引入整个德国。

2.英国现代学徒制

从20世纪60年代至今,英国现代学徒制的发展经历了探索、形成、发展、完善四个阶段,形成了较为成熟的层级化现代学徒制培训体系,为推动英国产业结构升级和社会发展培养了大批人才。

（1）1964年—1992年:探索阶段

英国是世界上最早开始和结束工业革命的国家,工业革命使英国的社会生产方式和产业结构发生了极大变化,大机器生产逐渐取代手工生产,产业结构重心由第一产业向第二产业转移。为此,英国人才市场对各级各类技能人才的需求与日俱增。然而,作为技能人才培养的主要形式的学徒制已无法满足人才市场对技能人才的要求与需求,亟需改革。第二次世界大战后,英国经济水平和社会生产力不断下降,行业企业缺乏熟练技术工人,这加速推动了英国传统学徒制的改革,《产业培训法》也因此问世。该法律为解决熟练技术工人短缺制约产业结构升级和社会发展的难题提供了支持和方向,对英国学徒制具有划时代的意义,揭开了英国开始探索现代学徒制的序幕。

20世纪70年代,英国经济深受石油危机影响进一步陷入困境。与此同时,伴随全球经济一体化的发展,国际间的经济竞争和人才竞争日趋激烈。在这种情形下,英国的大量青年流向社会,青年失业率不断攀升,并引发了许多社会问题。为摆脱种种困境,英国政府开始意识到职业教育的重要性和解决技能人才短缺问题的迫切性,并认为青年的失业主要是因为他们缺乏必要的技能和态度。于是,英国政府在1976年制定并开始实施职业经验计划。不久之后,英国政府又设想在传统学徒制的基础上发展现代学徒制,相继推出"青年学习计划""统一职业准备计划""青年培训计划"等系列项目,试图为学徒制探索出一条适应现代工业社会发展的有效途径。

(2)1993年—2000年:形成阶段

20世纪90年代后,伴随人类社会进入后工业化时期以及信息化时代的到来,高新技术产业和服务业成为英国产业结构的主体,人才市场对从业人员的各方面技能和素质提出了新的更高要求,传统学徒制难以适应现代生产方式的规模化发展。于是,在1993年,英国政府正式宣布启动"现代学徒制"计划,并于次年在14个行业领域内正式推行。后经改革和发展,"现代学徒制"计划在整个英国得到了普及和推广,至1997年发展了72个培训框架,原先的"国家受训生制度"被纳入其中。21世纪初,英国政府将国家培训制度纳入现代学徒制,并改称为基础现代学徒制,原来的现代学徒制更名为高级现代学徒制,这标志着英国现代学徒制培训体系的基本形成。

(3)2001年—2011年:发展阶段

进入21世纪后,为解决"去工业化"及"过度金融化"给英国产业结构带来的失衡问题,英国政府对新建立起来的现代学徒制进行了系列改革。

2003年,发行的《技能战略》强调普及学徒制的必要性和企业雇主主导地位的重要性,明确学徒制质量、结业率和覆盖产业率等具体目标;2004年,解除公民参与学徒制培训的25岁年龄上限,同时在《学徒制在英国——他们的设计、发展与实施》中,对现代学徒制的最新发展状况进行了详细分析和论述;2005年,发布《学徒制蓝图》,统一学徒制培训框架;2008年,发布《世界一流学徒制:解放天赋、发展所有人的技能》报告,提出要"通过立法来明确学徒制的法律地位";次年,颁布《学徒制、技能、儿童与学习法案》,以法律的形式明确现代学徒制的地位;2010年,致力推进高等学徒项目制度化;2011年,颁布《英国学徒制标准规范》,确立了包括中级学徒制、高级学徒制和高等学徒制在内的完整的学徒制体系。这标志着全英范围内的层级化现代学徒制体系已经形成,基本实现了学徒资格与国家职业资格的"融通"。

(4)2012年至今:完善阶段

鉴于2011年新建立起来的层级化现代学徒制培训体系未能在行业企业、职业学校等领域得到有效运转,英国再次对学徒制进行了系列改革。

2013年,修改完善《英国学徒制标准规范》,将高等学徒制扩展到六级和七级;同时,颁布《英格兰学徒制培训规格标准》,将高等学徒制正式归入国家学徒制体系,使现代学徒制与普通高等教育体系正式联通起来;此外,启动"开拓者项目",进一步强化企业雇主在现代学徒制中的主导地位。2015年,发布《英国学徒制:2020年发展愿景》报告,宣布即将成立学徒训练局和学徒制学院。2016年,开始实施"未来学徒项目",把企业雇主对学徒能力的要求摆在首要位置。2017年,再次修订《英国学徒标准规范》,免除学习困难者和特殊群体对英语、数学的最低学习要求,同时明确规定中级学徒制对应二级国家职业资格,高级学徒制对应三级国家职业资格,高等学徒制对应四级、五级、六级、七级国家职业资格。2018 年,重新修订《学徒制改革计划:效益实现》战略,明确学徒制改革的目标以及高水平项目成功的指标。上述系列改革和举措,使英国层级化的现代学徒制培训体系得到了进一步完善和成熟,现代学徒制人才培养框架体系及人才培养路线图得以建立。

3.日本"产学官"模式

(1)日本现代学徒制产生历程

日本现代学徒制的发展分为以下三个阶段:

一是放松管制阶段。自 1945 年日本通过制定一系列恢复经济、促进市场公平竞争的政策措施。明确了在法律上对国立大学的管制,为产学合作政策的制定奠定了基础。20 世纪 50 年代中期,随着(禁止垄断法)的实施,日本政府正式放松产学合作相关政策。

二是政策制定阶段。从上世纪 80 年代开始,日本通过发展高新技术产业并利用其改造传统产业,促进各地区经济发展和产业结构优化,各地政府与企业愈加重视大学的研究成果,大学也开始尝试将其研究成果产业化以更好地服务企业,振兴地方经济。由于日本的企业技术升级多以内部研发机构主导进行,且产学合作起步之初,社会对其认可度不高。因此这一时期的"产学官"合作主要是企业与学校作为主体,且进展较为缓慢。

三是机制成熟阶段。自 20 世纪 90 年代开始,"产学官"合作体制、机制逐步规范化。为了提升国家创新能力、提高企业的研发效率、搭建开放的研发合作平台,使大学更加适应不断变化的社会经济发展需要,日本政府制定了以知识经济为支撑的新的国家经济发展战略,将"产学官"合作作为技术创新、企业创新的重要组成部分,从法律法规、体制改革和组织保障等多个层面推进"产学官"合作体制、机制规范化。

(2)日本"产学官"合作模式的内涵

所谓"产学官"合作,其中"产"代表的是包括各个行业协会和地方财团在内的产业界,"学"则是指以学校为代表公共研究机构,"官"是为"产学官"合作制定计划和给予指导意见的政府机构。其中综合科学技术会议(CSTP)作为"产学官"合作的政府主体,负责召开合作会议、制定并实施科学技术基本计划;各专业调查会议对科学技术基本计划进行技术预见,对实施效果进行评估等;政府各相关省厅根据科学技术基本计划的具体要求,通过各种形式推进"产学官"合作,同时通过调查会议将实施中的问题和评价结果反馈给 CSTP,为之后的政策和计划调整提供参考。

4.美国合作教育

1906 年,美国教授赫尔曼在辛辛那提大学进行教学改革实验,拉开了美国合作教育的序幕。经过形成时期、发展时期、繁荣时期、改革调整四个阶段,合作教育逐渐为美国高校和社会所认可,最终成为美国高等教育的重要组成部分。

(1)合作教育形成时期

合作教育形成时期是指 1906 年至第一次世界大战期间。1904 年,辛辛那提大学土木工程专业的施耐德教授,向校长建议辛辛那提大学与产业相合作,开展合作教育培养工程专业学生的观点,获得了 Dabney 的赞同。最终形成正式建议提交给董事会,并获得通过。自此,施耐德教授开始了合作教育计划,随后斐其伯格四年制高中、波士顿理工学院、匹兹堡大学等学校相继实施合作教育。自1906年施耐德在辛辛那提大学实施合作教育始到第一次世界大战前,不到10年的时间,合作教育已经从美国中西部传到东部和南部。当时许多人预言,当经济萧条的时候,企业主会把所有的学生送回学校,合作教育的课程结束。事实上是,至1909年秋季时,1908年的经济危机影响仍然存在,但是制造业企业主向辛辛那提大学又提出100个学生的合作教育请求。可见合作教育的思想在实践中得到了企业的肯定,并使企业从中受益。

(2)合作教育发展时期

这一时期合作教育经受了两次世界大战与全球性经济危机的考验,在开设学科与课程、学校的类型以及合作模式等方面都有所发展。第一,在合作教育涉及的学科上,从早期的土木工程专业扩展到电气、机械、化工、建筑、工业、商业管理、纺织、应用艺术等。如德雷塞尔大学开设家政学合作教育计划、乔治亚理工学院和伊利诺理工大学等开始纺织工程专业实施合作教育。第二,在实施学校的类型上,不仅是在四年制的大学里,还有专科学院、技术学院和中学。专科学院如波士顿格兰德专科学院。技术学院如底特律理工学院和通用汽车研究所。这一时期,合作教育在中学发展达到顶峰。1928年,南方21州78所高中实施合作教育,四年后,有167所。第三,合作教育的类型上,既有辛辛那提的强制性合作计划,也有麻省理工学院、布法罗大学的选择性合作教育计划;既有东北大学以早期的工程学校模式为基础的合作教育计划,也有实施延长交替周期和获取学位的学制时间的合作教育计划,还有二战时期为缓解商业中短缺的文职人员,洛杉矶高中采用半天轮流制合作教育计划。第四,合作教育模式的发展上,出现了理念与辛辛那提模式完全不同的安提亚克模式。安提亚克不强调学习能赚钱的特定的职业技能,而是强调工作经验对理解生活的重要意义;强调被传统教育忽略的、构成真实人性的因素;认为教育的任务是让人性获得很好发展的实践经验进入教育,激励人们最大限度的发展,而传统教育不能提供足够的、适宜的环境来完善人性中一些根本的品质。

(3)合作教育繁荣时期

二战后到20世纪70年代初期为合作教育繁荣时期。从20世纪,70年代开始美国政府开展合作教育研究,经合作教育委员会的推动、国家的立法支持以及教育国情咨文的影响,合作教育发展迅猛。1963年—1970年有111所大学和初级学院采用合作教育,不仅实现了国家合作教育委员会的目标,在1970年还有所超越。这一时期合作教育发展表现在三个方面:其一,在少数民族和弱势群体中开始实施合作教育;其二,四年制高级学院合作教育显著增长;其三,两年制专科学院的合作教育发展较快。

(4)合作教育改革调整时期

20世纪70年代末合作教育尚未形成统一的资格证书制度,致使许多项目只能在技能要求较低、很少需要资格证书的行业开展。1978年,国会削减了合作教育项目的特别拨款。但随着20世纪80年代美国青年工人劳动报酬急剧下降。而且高中阶段辍学率高,一半以上的学生未完成高中教育就辍学。如果不接受继续教育,他们难以具备国际竞争的能力。摆脱这一困境的唯一途径就是要建立一个从学校到工作的系统。于是,借鉴辛辛那提模式与传统学徒制模式优点的"青年学徒制"模式提上日程"青年学徒制"的实施受到学生的热烈欢迎,得到各界人士的好评。这一时期在国家委员会的努力下,合作教育逐渐走出低谷,从1985年开始,合作教育计划数量日趋上升。

(二)国内产教融合的历史演进

1.第一阶段:工学结合

20世纪90年代,随着我国社会主义市场经济体制的建立,政府对企业进行宏观管理,国有企业逐步成为自主经营、自负盈亏、自我约束、自我发展的经营主体。职业教育与企业的关系也发生质的变化,必须按照市场经济平等协商、互利共赢的原则来重新构建新型的校企合作关系。1991年10月17日,国务院颁布《关于大力发展职业技术教育的决定》,第一次提出"积极发展校办企业,办好生产实习基地,提倡产教结合、工学结合"。1993年2月13日,《中国教育改革与发展纲要》也明确提出产教结合,要求各级各类职业学校要主动地适应市场需要和当地建设,在政府政策支持和引导下,树立大职教的观念,充分利用社会资源,开展联合办学,走产教结合的路子,拓展办学思路,更多地利用贷款发展校办产业,利用社会资本增强学校自我发展、自我提升的功能,逐步做到以厂(场)养校。在实践中,职业学校提出了"依托专业办产业,办好产业促专业"的改革发展经验。1996年9月1日实施的《中华人民共和国教育法》中规定"职业学校、职业培训机构开展职业教育应当实行产教结合,与企业密切联系,培养实用人才和熟练劳动者,为本地区经济建设服务",以法律的形式明确了产教结合的地位。在世纪之交,我国加大了国有企业改革力度,开始大规模减员增效,企业办学活力显著增强,同时大量的民营企业走过了资本积累的初期,规模实力不断壮大,现代企业数量开始增多,校企合作的条件逐步改善。

综上所述,为适应社会主义市场经济体制改革的要求,企业逐渐成为独立的法人和市场经济的主体,计划经济体制下政企不分、依靠行政命令等手段维系的学校和企业关系不复存在,取而代之的是建立在平等互利基础上的校企合作关系。尤其是1998年国务院机构改革,把大量的部门或行业办的中高等职业学校下放到地方,使得产业和教育、学校和企业的行政隶属关系发生重大转变,需要重新构建新型关系,产教必须结合、校企必须合作成为职业教育发展的共识。

2.第二阶段:工学结合、校企合作

随着社会主义市场经济体制的建立和完善,国有企业减员增效逐步展开并取得了明显成效,民办和外资企业不断增多,企业现代化进程加速,社会经济快速发展,对劳动力的数量和质量提出了新的需求。一方面,适应国家工业化和城镇化建设的需要,农村大量剩余劳动力得以有效转移,经过多年的转移,出现了刘易斯拐点,2002年开始东南沿海地区出现了民工荒和技工荒,国家加大了对职业教育和培训的支持力度;另一方面,现代企业开发人力资源的能力不断提升,对技术技能人才也提出了新的要求。正是在这样的背景下,我国职业教育一改以往"校办企业、以厂养校"的做法,与世界职业教育接轨,提出了校企合作、工学结合的培养模式。这一时期,校企合作、工学结合不断深化,集团化办学、订单培养、联合办学、前校后厂、前店后校、校中厂、厂中校等落实校企合作、工学结合的具体形式不断增多。

第三阶段:工学结合、校企合作、产教融合

2013年提出了"使市场在资源配置中起决定性作用和更好发挥政府作用"的科学论断,要求政府进一步简政放权,充分发挥市场的力量,这为产教融合和校企合作提供了宽松的政策环境。迈入新时代,国家提出了一系列重大战略举措,迫切需要科技和教育的支撑。我国教育经

过多年的不懈努力，已经建成世界上规模最大的教育体系，并正从大众化教育迈向普及化教育，职业教育和高等教育每年就业的毕业生占城镇新增就业劳动力的70%以上。教育不仅仅是教书育人的问题，也事关国家人力资源开发和配置的重大问题，已从边缘走向经济社会的中心，教育与产业必须改变"两张皮"现象，走向相互支持、融合发展的新阶段。党的十八届三中全会就明确要求加快现代职业教育体系建设，深化产教融合、校企合作，培养高素质劳动者和技能型人才。

第四阶段：工学结合、校企合作、产教融合、知行合一

随着我国经济发展进入新的阶段，特别是产业结构与市场主体的变化，倒逼教育必须进行实质性改革，培养市场需要的高素质人才迫在眉睫。为加快推进教育现代化，主动适应经济社会发展和人民群众的需求；统筹利用好、布局好各类教育资源；优化人才供给结构，大力发展现代职业教育和继续教育，加快培养经济社会发展急需人才；扩大社会参与，提高教育开放水平，整体提升教育服务经济社会发展的能力，我国职业教育进入"工学结合、校企合作、产教融合、知行合一"现阶段。

二、产教融合的现代意蕴

(一)向制造强国转变需要职业教育产教融合的协同支撑

从国内发展形势看，目前我国经济发展步入"新常态"的新阶段，面临着经济增速放缓、产业结构调整、经济增长动力转换的局面。这一方面表明我国的工业化进程正在向后期阶段推进，另一方面表明我国的产业业态正朝着分工更复杂、科技含量更高、结构更合理的方向演进。这些变化意味着我国的国民经济体系正在进入"后工业化"时代。在"后工业化"时代，产业供给主要以知识和技术为核心动力，需求也由传统意义上的追求数量规模向追求质量转变，经济发展方式也从资源要素驱动向创新驱动转换，这些新时代的经济特征都要求职业教育迈向更高水平。审视现阶段我国职业教育与产业发展的适应情况，结果却并不令人满意。一方面是我国产业转型加速，对高素质劳动者和高技术技能人才的需求量不断增加；另一方面是我国职业教育与人力资源市场需求脱节，高级技术技能人才有效供给不足。相关统计数据显示，我国技能型劳动者在所有就业人口中的占比不到20%，而在技能型劳动者中，高技术技能人才占比不足5%。由此可见，我国要实现由制造大国向制造强国的转变，亟待提高职业教育与产业发展的适应性，通过加强产教融合来提升职业教育质量，进而支撑我国制造业做强做优。

(二)推动职业教育产教融合是转变经济发展方式的现实要求

改革开放以来，我国经济建设取得了举世瞩目的成就，经过多年的高速增长，工业体系日趋成熟。然而，在经济蓬勃发展的过程中，由于对经济建设规律缺乏深入的认知，加之经济体制机制不完善等原因，一些问题被长期忽视，如经济发展模式不可持续、区域经济发展不平衡、环境污染日益严重、居民收入差距过大等。这些问题逐渐成为我国经济增速下滑的关联性因素，最终制约了国民经济的进一步发展。在当前我国经济社会发展的"新常态"阶段，亟待转变经济发展方式，尤其是要从出口导向转向内需拉动，从要素驱动转向创新驱动，从粗放型发展转向集约型发展。内需拉动经济要求企业树立起品牌，创新驱动要求企业提升产品技术含量，集约型发展要求企业在节能减排基础上不断提高发展效率,而要满足经济发展方式转变的各项要求,就必须加快推进职业教育产教融合。

第一,产教融合将为产业发展增添新的动力。转变经济发展方式的关键点之一是推动产业升级,企业作为产业的外在表现、行业的组成单元,只有企业产品的科技含量提高了,才能促进整个产业的升级,而提高企业自身的技术创新与研发能力,就需要推动校企之间的深度合作。

第二,产教融合为产业发展提供人才支持。转变经济发展方式,推动产业升级,都需要大量的高素质劳动力和高技术技能人才。高素质技术技能人才的培养主要靠职业院校,专业人才能力的发挥、价值的创造则靠企业,只有企业和职业院校紧密结合,提高人才培养质量和适应性,才能为产业发展提供人才支持,以推进经济发展方式的转变。

(三)推进职业教育产教融合是提升学生职业素质的内在需要

作为一种以技能应用为基本导向的教育类型,职业教育理应让学生获得用人单位认可的职业素质。然而,由于种种主客观原因,我国职业教育人才培养成效一直不甚理想,主要表现为受教育者的知识结构和技术实操能力与企业用人要求差距较大、职业通用能力欠缺。因此,提升受教育者的综合职业素质,让职业院校培养的人才满足甚至超出用人单位的岗位要求,是开创我国职业教育新局面的重要途径,而推进职业教育产教融合恰恰能解决职业教育面临的这一难题。

推进产教融合,能完善职业院校学生的知识结构,提升其实践能力。通过产教融合,企业与学校开展合作,学生就获得了了解产业、行业相关知识和发展动态的机会和条件,就能完善自身知识结构;与此同时,依托于企业提供的实习、实训岗位,职业院校学生能学有所用,在实际工作情境之中增长知识,提高技能,实践能力自然增强。

第二,职业通用能力包括学习能力、沟通协调能力、应变能力、创新能力等,这些能力需要通过具体情境、任务的训练才能获得。职业院校虽然能够刻意培养学生的职业通用能力,但限于学校环境的特征和属性,难以覆盖到所有学生。通过校企合作、产教融合,受教育者到企业参与实习实训,离开熟悉的校园环境,接触新的社会环境,认识新的同事,从事新的工作,同时还要独立解决工作过程中的问题。这就使得每一个职业院校的学生都得到了全方位的锻炼,能够迅速培养其职业通用能力。可见,推进产教融合是提升学生职业综合素质的内在需要。

第三节 产教融合的发展现状

一、国外产教融合的发展现状

(一)德国"双元制"发展现状

从规模看,双元制大学学习无论是专业、合作企业还是在校大学生数量均稳步增加,而且2009年以来上升势头明显。2004年至2019年间,双元制专业从512个增至1662个,参与人才培养的企业从1.8万家增至5.1万家,在校大学生则从4万多人激增至10.8万人。从高校分布看,这一模式在综合性大学中的地位仍旧无足轻重,全国仅设置了57个双元制专业,双元制大学生占学生总数的比例也不到1%;相反,在应用科学大学中,双元制大学生的占比达到13%,设置的双元制专业也更多,占双元制专业总数的近71%。无论从专业还是就读规模看,应用科学大学都是除双元制大学和职业学院以外推广双元制专业的主力(详见表1)。

表1. 2019年德国各类高校中的双元制专业与大学生分布

高校类型	专业数量	学生人数
应用科学大学	1180	57233
双元制大学	241	34901
职业学院	151	11430
综合性大学	57	1471
其他高校	33	3167
合计	1662	108202

从专业分布看,最受学生欢迎的双元制专业是经济学和信息学。2019年,共有48,868名大学生就读于580个经济学专业,12,031人就读于210个信息学专业,专业数量和学生数量近年来均呈现上升势头。其他热门专业还有机械制造、电气工程和普通工程学等等。

(二)英国现代学徒制发展现状

现代学徒制极大推动了英国经济的发展。鉴于学徒制的巨大收益潜力,英国政府采取诸多措施,学徒数量不断增加。经过20余年的发展,英国现代学徒制取得了显著成效,并促使英国的职业教育由落后面貌转变成为现如今国际职业教育界推崇的成功典范。

1.层级化清晰的现代学徒制人才培养体系

近年来,英国对现代学徒制进行了改革,停办了一批低层次的学徒项目,逐步完善层级化的现代学徒制人才培养体系,强调了高层次应用型人才培养,为国家社会经济发展提供了更多不同层次的应用型人才。英国现代学徒制体系共有七级:分别是一级、二级、三级、四级、五级、六级和七级,高等学徒制的四级到七级对应的是高等教育系统的基础学位及以上。

英国政府支持职业技术教育与普通的学科教育两者间相互转学,实现了高等教育体系和职业教育体系的有效对接。因此在英国,中学生毕业后就可以选择进普通高中继续学习,也可以选择职业技术学校学习,并且在学习期间可以根据成绩或个人意愿提出转学申请。这种灵活的人才培养体系满足了不同职业和群体再学习以及自我提高的现实需求,也大大地提高了现代学徒制的吸引力,较好地体现了终身学习的理念。

2.结构合理的教学培训框架

英国现代学徒制分为基础现代学徒制和高级现代学徒制,不同层次的学徒制对职业技能的要求有明确的区分,因此英国每个现代学徒制项目都有逻辑严谨、结构合理的教学内容培训框架。该框架是由相关企业与行业技能委员会对照国家职业标准联合开发、设计的,其对学徒的学习内容和标准都有细致的、精准的基本规范。有关培训机构与企业要具备标准框架里的全部要素,才能得到政府的学徒制拨款。所有学徒也必须达到框架里的全部要求,方可顺利完成学习培训任务,取得相关证书。各行业的每个学徒制项目的教学培训框架具体内容虽有差别,但所有框架都需包括以下三个要素:

第一是核心技能,又称关键技能或可迁移技能,是从事任何职业都需要拥有的跨专业的基本工作能力。包括六个方面:数字应用能力、交流能力、信息处理能力、合作能力、调整自我学习和行为的能力以及解决问题的能力。其中前三种能力被认为是"重"中之"重"的能力。

第二是国家职业资格,是以国家职业资格标准为指向的职业资格证书制度。它将职业资格标准分为5个等级,每个等级的标准按具体工作岗位职责分为不同的能力单元模块,每个等级由许多单元模块构成,如此形成了系统完备的NVQ课程。

第三是知识要素,其形式是技术证书。它可保证学徒获得必要的理论基础知识。知识要素通常由行业机构和行业技能委员会联合决定并经职业资格与课程署同意,实行单独评估。它既可单独进行认证,也可作为能力要素的一部分进行共同认证。

3.严格践行"理论—实践—理论"人才培养模式

英国先进的现代学徒制培养模式是"理论—实践—理论"这种三明治式的人才培养模式。其具体实施方法是在两学期之间,通过安排学生在校学习和进企业实习相互轮替的教学方式,实现以职业素质、综合运用能力为主的人才培养目标。如旅游专业学徒,它是由特许管理协会(CMI)认证的。CMI的标准是根据有关企业和培训组织提供的3年管理和领导力的荣誉来制定的。学徒需要证明他们的学术发展作为学位的一部分,并证明他们的能力、知识、技能和行为所需要的协会。学徒每周上一天学,并将所学应用到工作中。英国现代学徒制也非常注重对教师队伍的培训,要求教师定期抽出时间去真实企业工作,接受需求定制的专业培训和锻炼,包括专业技能、授课方法、教育创业模型构建等方面的培训。

(三)日本"产学官"发展现状

在一系列促进法案的支持下,日本以"产学官"合作为典型的现代学徒制取得了持续、明显的进步。同时,合作院校研究能力、学院办企业能力都明显增强。

1.合作院校研究能力全面提升

日本"产学官"合作,不仅让政校企共同研究取得了长足进步,而且也让合作院校的研究水平和能力得到了极大提升。大学作为产学官合作中的研究主体。其研究实绩是日本产学官合作的重要指标之一。自2012年来,大学受私营企业委托研究的数量呈上升趋势,从2007年至2015年,每年研究数量从6005增长7145,增幅近19%,而研究经费也一直维持在110亿日元左右。这些数据表明,日本的大学已经成为日本企业科技创新的动力源泉。

2.学校办企业能力明显增强

学校办企业不仅可以为学校参与产学互动提供最便捷的路径,而且也充分展示了学校参与和服务产业经济发展的能力。日本除了通过 TLO 将研究成果向企业转化之外,大学也自己出资设立成果转化企业,将大学的研究成果转化为能够应用于市场且产生经济效应的技术。由于一系列政府扶持政策的出台,以及大学在"产学官"合作中的历练,大学办企业的能力也明显增强。首先是校办企业总数的变化。1994 年日本校办企业可以说是零起步,还没有任何基础。然而到 2005 年,日本大学发起举办的企业累计总数就达到了 2406 家,可以说是惊人的发展速度。其次是年均数量的变化,1994 年增长了 47 家,2005 年校办企业的年增幅达到峰值为 252 家,而后逐渐下降,大概每年新增校办企业在 80 家左右。无论是校办企业总数的变化,还是年均增量的变化,都表明了日本大学在"产学官"合作中创办企业的能力得到强化,而且学校与企业的关系变得更加密不可分。

(四)美国合作教育发展现状

到 20 世纪 60 年代末,已有 140 余所大学在工程学科领域开展基于半工半读的合作教育试点,且部分大学选取研究基础较好的非工程学科领域进行了合作教育试点,并取得良好的成效。美国合作教育经过一个多世纪的发展,其规模不断扩大。纵观美国 20 世纪合作教育的发展,它是一个渐进的过程,由多条脉络互相链接而成。

1.学校层面上,从高等教育向职业技术教育、中学教育发展

在合作教育形成时期,主要以四年制的大学为主体,如 1906 年辛辛那提大学、1909 年波士顿理工学院(即后来的东北大学)等。在发展时期,合作教育的学校由四年制的大学,向专科学院、技术学院和中学扩展。专科学院如波士顿格兰德专科学院、加利福利亚河滨学院。技术学院如俄亥俄州力学研究所,底特律理工学院和通用汽车。1945 年后,合作教育在四年制高级学院与两年制专科学院进一步发展,而中学合作教育则在 80 年代以后发展显著。

2.专业领域上,从工程专业向其他专业迁移和扩散

美国合作教育起始于辛辛那提大学的土木工程专业,随后向其他工程专业扩展,1918 年以后已经扩展到电气、机械、化工、建筑、工业,以及商业管理、纺织、一般工程和应用艺术等。合作教育专业已经向社会生活与家庭生活领域迁移。在四年制的高级学院中,合作教育课程除会计、工程专业、文科专业与商业专业外,护理、教育、生命科学、哲学与音乐等学科相继被引进合作计划。

3.发展模式上,从"交替制"模式向多种模式并存发展

合作教育模式的发展,始于辛辛那提"交替制"模式,即学校文化学习与工厂生产实践交替进行,以周或学期为交替时间单位。1921 年安提亚克大学在"全人教育"理念的指导下,开创了与辛辛那提理念完全不同的合作教育模式。六十年代末,在交替制模式的基础上发展了"平行"模式,学生上午在校学习,下午或晚上工作,使学生理论学习与实践结合得更加紧密,不脱离学校的情况下挣得自己的大部分学费,平行模式的学生经学术中心的评定能够获得学分。

4.在组织发展上,从教育领域向社会组织与行业组织共同发展

在 1926 年施耐德发起合作院校协会之前,没有专门的合作教育组织。施耐德实施合作计划的早期阶段,在 Merriman 的支持下,成立于 1893 年的工程教育促进会给他提供了平台,探讨如何成功开展合作计划,1946 年工程教育促进会改名为美国工程教育学会。1956 年,华盛顿大学的 H.Russell Bintzer 首次提出,建立一个包括非工程专业的合作教育组织,使合作教育迅速在全国范围内开展。

5.支持体系上,从行业支持向社会组织与政府组织共同支持发展

合作教育早期的发展主要得益于行业的支持,尤其是在大萧条时期为合作教育学生提供就业使得合作教育能够得以继续发展。1945 年后,社会组织与政府组织的支持成为合作教育发展的主导力量。社会组织的支持,主要以爱迪生基金会与福特基金会为代表。福特基金会的贡献主要在于对合作教育予以资金资助与政策宣传。1953 年,福特基金会为六所学校提供合作教育计划所需的资金,1955 年,宣布给美国大学五亿美元捐助,同年基金会出资建立电视广播教育中心,加强对合作教育的宣传报导。

二、国内产教融合的发展现状

(一)我国职业教育产教融合的发展现状

1.政策制度出台情况

(1)国家层面政策制度出台情况

总结国家层面出台的制度文件政策情况。以教育行政部门为对象,了解国家层面颁布的 69 份政策,共 313 条职业教育产教融合政策条款为分析内容,细分为供给侧政策、需求侧政策、环境侧政策。

从 2014 年以来,我国职业教育产教融合的形式主要体现在两个方面:一是突出了一些行业企业与国家职业院校共同制订人才培养方案、共同育人的主体地位。2014 年,教育部等部门联合印发《现代职业教育体系建设规划(2014-2020 年)》,首次提出要进一步发挥社会行业企业参与职业教育的主体办学作用,并提出职业教育以产教融合为发展主线,建立行业企业、地方各级政府等共同参与职业教育制度创新教育平台,建立重点产业技术积累创新联合体,这标志着行业企业参与职业教育领域的地位发生了根本性变化,从过去社会上红花"配角"变成现代职业教育发展的绿叶"主角",也意味着职业教育已经从教学模式、教学方法和教学形式等创新的具体层面,进入到职业院校和企业共同治理、协同发展、协同育人的制度化层面。二是推进职业院校师资队伍的专业化,构建职业教育校企共建共管"双师型"教师队伍的管理机制。2014 年,国务院印发《关于加快发展现代职业教育的决定》,提出"深化职业教育产教融合、校企合作,推动职业教育校企共建'双师型'教师培养培训基地",这是从国家层面首次提出职业教育"产教融合"的新要求,是对职业教育产教结合发展的再提升,进一步丰富了我国职业教育发展内涵。2014 年 8 月,教育部印发《关于开展现代学徒制试点工作的意见》,明确提出职业教育校企共同培育、共同管理,成为职业教育向纵深处合作的新发展。

我国职业教育产教融合政策的脉络演进总体上与国家工业化、经济转型升级紧密联系在一起。与其他教育政策不同的是,职业教育产教融合政策是以经济领域为核心,调整的是政治、经济和教育三个领域,政府试图以"产教融合"为手段,通过企业、高校的深度合作,最终要达到"扩大就业创业、推进经济转型升级、培育经济发展新动能"的经济效益。我国职业教育领域的产教融合实践先后经历了传统的"校企合作班、订单班、共建实习实训基地"模式,"行业学院或产业学院"模式,再演化至"现代产业学院"模式,取得了一定育人成效,但是"共识之困、共赢之困、共治之困"仍然存在。

(2)地方层面政策制度出台情况

总结省级及市级层面出台的制度文件政策情况。以各省市教育行政部门为对象,了解在全国 31 个省级行政区(除港澳台)中有 27 个省市自治区出台了地方层面政策制度文件。市级层面,浙江的杭州、绍兴等 10 余地市,江苏的南京、扬州,安徽的宣城、滁州,山东的青岛、威海,以及柳州、天水、榆林等几十个城市,进一步发布了市一级的关于深化产教融合的实施意见。各地结合实际推进政策实施,深化产教融合的政策,大多能结合本地职业教育发展水平和产业发展状况及预期来制订政策目标和实施项目。

各地注重政策特色与创新,在出台地方版的"关于深化产教融合的若干意见"时,有些省提出了不少有特色的做法。如广东省将产教融合建设纳入了高校绩效评价体系;浙江省建立起地方政府对接高等院校、高等院校对接企业,促进地方的创新发展和产业转型、促进高等院校的内涵建设水平提升的"双对接、双促进"机制,又提出"五个一批"产教融合体系建设;山东省计划到 2023 年培育和打造对接"十强"产业的 100 个左右专业集群;江苏省在今后 5 年,每年认定 100 家左右"产教融合型"企业,并给予这些企业在技术改造等方面的政策优惠和优先支持。

2.产教融合建设试点情况

(1)发展规划与资源布局情况

根据《国家产教融合建设试点实施方案》文件精神,完善产教融合发展规划和资源布局情况,健全产教融合与经济社会发展同步联动规划机制。以国家发改委等部委为对象,了解并总结同时规划地方城市经济社会发展与产教融合情况,以及协调职业教育和区域发展布局情况。

试点城市产教融合目标定位比较明确,提出的各项政策举措具有针对性和可操作性,与国家产业和生产力布局相匹配,尤其在促进教育链、人才链与产业链、创新链有机衔接方面的探索,在全国范围内起到一定示范引领和标杆作用。认定的企业综合实力强,覆盖机械装备、能源化工、交通运输等传统产业,信息技术、生物医药、航空航天等战略性新兴产业,以及社会急需的养老等生活性服务业,既有"世界前沿""大国重器",也有"专精特新""单项冠军"。同时,试点城市均举办或深度参与举办职业教育和高等教育,投资建设实训基地、深入开展职工培训等,具有服务、引领所在行业深化产教融合、加快急需人才培养、推进人力资源供给侧结构性改革的良好基础。

(2)产教融合型企业情况

已入选的国家产教融合型企业培育名单的企业,从区域分布图来看,广度上,入选企业遍布全国;数量上,入选企业多在东部及北部,如北京 18 家、上海 6 家、浙江 4 家。存在这一现象的主要原因有:一是地方经济发展水平是影响企业举办职业教育的直接因素。经济发达地区企业相对较多,规模较大,对技术技能人才的需求量大,企业参与兴办职业教育的积极性相对较高。二是地方职业院校教育水平是吸引企业参与职业教育的重要因素。地方职业教育发展状况好,师资队伍较强,学生技能较为扎实,在融合过程中更协调,成果更易出现,同时也能吸引更多的企业参与,而经济欠发达地区和一般地区则相对较弱,企业参与积极性不高。

从认定条件分析,产教融合型企业的量化遴选标准主要在于两个方面:一方面是企业的经营状态量化标准应当包含盈利能力指标、经营能力指标、偿债能力指标等项目;另一方面是企业的社会责任承担量化指标应当包括企业参与社会公共服务项目、公益事业和慈善事业等的参与度指标。具体影响产教融合型企业遴选的指标如下:企业未来前景、企业核心技术、企业经营规模、企业信誉、企业领导态度、企业文化、参与校企合作情况、企业结构及企业对新员工入职培训成本等。

通过对63家国家产教融合型企业认定情况分析,这些企业都有一个共同点:是大型企业且至少独立举办了一所职业学校。对这些企业的职业教育投入情况进行梳理,有28家企业每年以生均经费或专门拨款发放教师薪资等形式投入办学经费,占比42%;有56家企业投资建设了实训基地,占比88%;有18家企业对实训基地投入了基本运行费用,升级改造实训基地,占比25%。分析可见,遴选出的产教融合型企业集中在当前国家重点建设和发展领域,例如智能制造、新一代信息技术和生物医药等,这些企业大都是国有企业或国有控股企业,企业规模庞大,处于相对成熟期,具有区位优势、国企优势、产业优势、办学优势等特点。另外,从产教融合型企业可享受的税收优惠政策来看,"投资额"是决定可享受优惠政策力度的关键因素,即投资额与可享受的优惠政策之间存在着正相关关系。

(3)产教融合型实训基地情况

创新实训基地建设和运行模式,试点城市要按照统筹布局规划、校企共建共享原则建设一批具有辐射引领作用的高水平、专业化产教融合实训基地。产教融合实训基地要更多依托企业建设,优先满足现代农业、先进制造业、战略性新兴产业以及家政、养老、健康、旅游、托育等社会服务产业人才需求。

实训基地建设模式。一是政校企"三元"合作,共建产教融合实训基地。进一步创新实训基地建设模式,开展全方位、深层次、多形式的合作。二是中高职衔接共享型实训基地建设模式。随着职业教育改革发展,高职教育生源的多元化,五年制高职教育成为高职教育的重要教育模式之一。为了进一步提升中高职衔接一体化办学模式的教学效果,切实提高专业人才培养质量,提高实训基地的利用率,高等职业院校应与职业中专学校等职业教育联盟,共同探讨、共享实训基地建设方案,建设中高职共享实训基地。

3.集团化办学情况

(1)行业性集团化办学情况

职业教育集团化办学从产生至今已有20多年的历史,特别是近10年来获得了迅速发展,其产生背景和发展历程证明,我国职业教育的健康发展需要行业、企业广泛而深度的参与,因此实行职业教育集团化办学是加快发展现代职业教育的重要方向,是建成我国现代职业教育体系的重要途径和实现形式,是我国职业教育适应社会主义市场经济体制改革和解决职业教育自身发展障碍在实践中探索出来的一种符合职业教育发展规律、具有中国特色的职业教育办学模式。产教融合是职业教育集团化办学的重要特征,其要点是政府推动、行业指导、企业参与。截至到 2020 年,全国共组建职教集团约 1500 个,覆盖 90%以上的高职院校、100 多个行业部门。分批布局了 558 个现代学徒制试点,覆盖 1480 多个专业点,9 万余名学生学徒直接受益。

行业参与在集团化办学中发挥重要指导作用。截至 2020 年底, 全国行业性职教集团有 1100 余家,占职教集团总数的 77.88%,由行业直接牵头的职教集团就有近 20 家。在产教融合中,行业组织制定专业和课程的行业标准,把握人才市场供求比例,组织人才需求预测;发挥行业用人单位职业能力评价作用和职业资格鉴定服务作用,为职业院校设置调整专业、确定人才培养规模、培养质量提供依据。

企业参与在集团化办学中发挥重要主体作用。集团化办学拓宽了企业参与职业教育办学途径。有数据显示,2014 年参与职业教育集团化办学企业为 2.35 万,2016 年参与职业教育集团化办学企业为 24369 个,截至到 2020 年,参与职业教育集团化办学企业已有 3 万余个;规模以上企业和限额以上非工业企业参与比重达到 68.29%;在全国 500 强企业中, 已有约 1/3 的企业参与职业教育集团化办学。企业参与职业院校教育教学改革,参与职业院校的专业建设、教材开发、教学设计、课程设置、实习实训,融入人才培养各个环节。与职业院校共建共享生产型实习实训基地、信息化资源;接受学生到企业实习实训和教师到企业实践锻炼;通过与职业院校共同推进人才和人力资源供给侧结构性改革,提高教育教学质量,优先享受人才红利,对口吸收毕业生就业。院校、企业、科研机构充分利用集团的专业优势、智力优势和人才优势,成立"大师工作室"和科研平台,引进产品开发和技术创新,引领产业转型升级。校企共建生产性实训基地 1933 个、省级协同创新中心 727 个。校企合作共建"双师型"教师培养培训基地 660 个,促进了高职教师和企业人员双向交流合作。

（2）示范性职业教育集团(联盟)建设情况

2019 年国务院提出开展示范性职业教育集团(联盟)建设工作,到 2020 年初步形成 300 个左右的示范性职业教育集团(联盟)。

根据《关于开展示范性职业教育集团(联盟)建设的通知》(教职成司函〔2019〕92 号),对经有关部门批准备案,成立 3 年以上的职业教育集团进行遴选,主要围绕集团治理结构、资源共建共享、产教融合校企合作的成效、人才培养质量、社会服务能力、政府保障作用及影响力等多方面考核,2020 年教育部职业教育与成人教育司发布了 150 家 "第一批示范性职业教育集团(联盟)培育单位名单",2021 年发布了 149 家第二批示范性职业教育集团(联盟)培育单位名单,涉及农林牧渔、石油化工、制造、金融、水利水电、信息、建筑、旅游等多个行业。从各省的示范性职业教育集团培育单位分布情况来说,江苏省高职院校牵头组建的职业教育集团数量最多,占总数的 9%左右;其次是山东省高职院校牵头组建的职业教育集团,约占总数的 7%左右;浙江省、广东省、湖南省高职院校牵头组建的职业教育集团所占比例也都达到 6%。

4.产业学院发展情况

（1）产业学院政策支持情况

国家提倡鼓励构建大型企业、科研机构和行业协会举办或参与举办以服务产业链为目标的产教和科教融合发展、专业特色明显的"特色学院"。2017 年提出要引导企业深度参与职业学校、高等学校教育教学改革,推行面向企业真实生产环境的任务式培养模式,鼓励企业依托或联合职业学校、高等学校"设立产业学院"。2020年7月提出在特色鲜明、与产业紧密联系的高校建设若干与地方政府、行业企业等多主体共建共管共享的"现代产业学院"。教育部、工业和信息化部将统筹各类资源,对现代产业学院建设予以政策支持和资源倾斜,加大对毕业生的就业指导和服务力度,推动稳定发展。从上可以看出国家政策文件由"建设特色学院"到"设立产业学院",再到建设"现代产业学院",政策支持力度不断推进,无疑给产业学院的建设发展指出了更加明确的方向。

(2)产业学院建设内容

在"双高计划"、新工科建设、本科层次职业教育的政策背景下,产业学院成为产教融合的新话题,它在发挥学校既有功能优势的同时,也能充分发挥企业重要主体和运行实体的作用,从而推动产教供需双向对接,人才、教育、产业、创新四链有机衔接,构建产教融合新生态,优化人才培养新模式,提高企业人才培养的质量。

产业学院建设坚持育人为本、产业为要、产教融合、创新发展的原则,主要围绕七个维度的合作内容展开。一是创新人才培养模式;二是提升专业建设质量;三是开发校企合作课程;四是打造实习实训基地;五是建设高水平教师队伍;六是搭建产学研服务平台;七是完善管理体制机制。

(3)产业学院的立项建设

目前,国家层面已开展关于现代产业学院的申报立项工作,需具备或近期可以达到:人才培养专业优势、产教融合企业主体地位、高水平教学团队、兼职教师、产教融合实践教学学时、教学资源、管理体系、经费支持、政策扶持等方面相关基础条件。

5.职业院校校企合作情况

(1)企业参与情况

参与职业院校校企合作的企业数量逐年增多。2019年有1155家企业面向社会发布了"企业参与高等职业教育人才培养年度报告",分析企业开展实质性校企合作的情况,这一数据相较于2018年增加43.3%。企业开展实质性校企合作主要表现在企业加大资本、技术、设施、管理等要素投入,如设备捐赠、订单培养等发挥重要办学主体作用。经统计,企业对高职院校的投入平均下来每所约达300万元,企业提供给其中27所院校的实践教学设备超过2000万元,有22%的企业是全球财富500强或全国企业500强。

(2)共建专业情况

2015年提出"围绕各类经济带、产业带和产业集群,建设适应需求、特色鲜明、效益显著的专业群"。2019年"双高计划"的出台,让专业群建设成为高职教育高质量发展的重要发力点。一是形成了专业动态调整机制。近几年来,职业院校对应战略性新兴产业需求进行专业设置,基本形成了专业动态调整机制。高职院校面向资源环境与安全、交通运输、装备制造、文化艺术、农林牧渔等产业,积极设置专业或增设新的专业方向。二是与经济发展和社会民生密切相关的专业点增速较快。如大数据技术与应用专业点增加了275个,新能源汽车技术专业点增加了216个,工业机器人技术专业点增加了207个。

(3)共建教材情况

校企合作育人、共同开发教材是实施职业教育"三教"改革的重点任务和攻坚行动。一是企业深度参与范围加大。过去几年,高职院校持续加强与企业合作,共同开发优质教育资源。已立项建设 203 个国家级职业教育专业教学资源库,全面覆盖高等职业教育 19 个专业大类,带动一批省级、校级资源库建设。1300 余所职业院校、80 余个行业组织的 3000 多家企业深度参与,校际、校企之间优质资源共建共享,为职业教育校企合作不断深化提供了实质性支撑。二是教材内容与产业升级同步更新更快。2019 年,校企合作开发 8.7 万门课程和 5.2 万种教材,高职院校每专业平均拥有校企合作开发教材达 1.06 本,各省平均开发 2802 门课程和 1667 种教材,较好地满足了学校对于优质课程和教材资源的需求。就各省情况来看,江苏省的高职院校与企业合作开发的课程和教材数量最多,分别为 14809 和 9620 种;其次是山东省,共开发了 8583 门课程和 5511 种教材。

(4)共研标准情况

一是以就业和产业需求为导向制定课程标准。以能力培养为目标,对接区域产业链岗位群,根据专业技术领域和职业岗位(群)的任职要求,邀请行业企业专家、技能大师或技术骨干组建各课程建设指导委员会,共同制定课程标准。二是建立复合课程体系。完善教学计划,将基本素质、职业能力和实习实践有机结合,将理论教学与实践教学融合起来,行业、企业、学校共同研制专业教学标准及人才培养方案,建立行业企业紧缺专业及人才应急机制,形成工学结合、理实一体的课程体系。山东化工职业学院、南京旅游职业技术学院、江苏农牧科技职业学院与常州纺织服装职业技术学院均从职业岗位出发,构建了以知识传授、能力培养、素养教育为核心的"纵向交叉,多元能力发展"柔性化复合课程体系。

(5)联合培养情况

各高职院校积极探索建立与企业联合培养机制,吸引企业深度参与教学改革,针对培养对象的实际,建立自学为主、辅导为辅、工学结合及校企联合培养的教育机制,开设"驻店班""冠名班"等,促进产教融合、校企合作。一是毕业生就业率不断提高。山东是人口大省、教育大省,全省有高职院校 80 余所,中职学校近 400 所。面对严峻的就业形势,山东职业院校坚持供需两端发力、创新创业并举、校企一体推进。2020 年毕业生就业率同比提高 7 个百分点。二是培养人数不断增多。2020 年,广西壮族自治区通过搭建产教融合平台,建文化传承项目 49 个,培养文化传承人 2128 人次。举办订单班 6200 个,现代学徒制班 1400 个、冠名班等其他校企联合培养班 1000 多个,集团内企业为学生提供实习实训岗位 310 万个,集团化办学受益学生数达 500 多万人,大力促进了行业产业和经济社会的发展。湖北省创新开展政校行企联合培养技术技能型人才工作,实施了"一村多名大学生计划"和"一线劳动者培养计划"。"一村多名大学生计划"录取 5500 人,"一线劳动者培养计划"录取 2000 人。

(6)产业学院情况

培养适应和引领现代产业发展的高素质应用型、复合型、创新型人才,是高等教育支撑经济高质量发展的必然要求,是推动高校分类发展、特色发展的重要举措。产业学院是产学研一体化深度合作、互动双赢的校企联合体。如新余学院与企业共建"中兴通讯信息学院",企业为学校学院运行提供组织保障、经费保障,形成长效机制。同时,采用资格考核准入机制,聘任企业项目经理为副院长,组建混编管理团队、教学团队、科研团队,共担学生管理、课程教学、科研项目、服务地方等工作,实现校企共建共管的格局。无锡科技职业学院二级学院与高新区每个产业园对接,创新"一园一院"模式,形成与产业"同频共振"的专业群建设机制。建设物联网技术学院,已向社会输送了物联网产业相关专业毕业生5000余名、培训物联网产业人才8000余名,为高新区物联网产业发展作出贡献。

(7)现代学徒制情况

各高职院校主动推进现代学徒制试点工作,健全德技并修、工学结合的育人机制和多方参与的质量评价机制,深入推进教师、教材、教法改革以及"校企双主体"育人岗位人才培养模式改革,深化产教融合、校企合作,在招生即招工、工学交替双课堂、学校企业双导师等制度和机制建设上形成了可复制可推广的成功经验和典型案例,全面推广政府引导、行业参与、社会支持、企业和职业学校双主体育人的中国特色现代学徒制。一是现代学徒制试点单位覆盖范围逐渐扩大。二是现代学徒制试点单位验收通过率逐年提升。

(8)企业兼职教师情况

一是依托项目优化师资。坚持校企深度融合,聚焦行业影响和技术技能优势,构建校企双教师发展中心、企业教师实践基地、企业工作室,实施"每位校内教师对接一名企业兼职教师"培养路径,提升团队教师的"双师"素质。推动学校形成稳定的兼职教师队伍。明确兼职教师标准,使兼职教师队伍稳定下来,用得上、留得住、真教学,使兼职教师队伍达到专任教师一定的比例要求,形成对学校教师教育教学的有力补充。二是构建混编师资团队。坚持校企资源双向流动、校企互兼互聘,形成动态互补团队的"双师"结构。建立企业人才兼职任教常态化机制,既聘请具有行业影响力的技术专家和能工巧匠担任"产业教授",又要求团队教师作为"兼职员工"参与行业领军企业的项目研讨和技术研发,促进校企人员双岗双职常态化。

(9)教师企业实践情况

建设职业教育师资培养培训基地和企业实践基地,建立教师到企业实践常态化机制,提升教师队伍整体素质。一是双向任职,定期交流。如青岛港湾职业技术学院、无锡科技职业学院等安排专业教师到企业挂职。二是企业培训,获取证书。持续推进专业教师企业实践,开展教师企业实践成果转换评选活动,加强对教师企业实践的跟踪评估、经验总结及交流。充分利用产教融合型企业、大型国有企业等有利资源,对专业课教师进行实践训练,使其掌握专业技能和岗位操作技能,明确"双师型"标准,提高"双师型"教师比例,达到"占专业课教师总数超过一半"的要求。

(二)我国产教融合存在的问题

1.政府层面

(1)法律制度体系待完善

目前,我国职业教育已有较多关于产教融合的法律及相关政策的文件,明确提出了产教融合、校企合作是职业教育发展必由之路,充分肯定了技术技能人才对当前经济社会发展的重要性,也提出产教融合、校企合作是培养技术技能人才的基本经验。但大多是逐条对应国家政策文件的宏观性指导意见,相关配套性、落实性的政策尚不足,近些年有新出台或修订过类似校企合作产教融合促进条例或实施细则方案有江苏、吉林、湖南、福建等10余个省市,需要更多具有可操作性、针对性、实践性的文件,有助企业明了如何再产教融合校企合作中如何发挥其有效作用。同时有些政策缺乏具体法律法规支撑和保障,无法形成有效的监督管理和激励机制,职业教育产教融合的执行力也相应变得较弱,无法客观、有效监测和评估职业教育产教融合的具体实践成效,校企双方的合作也未能得到地方政府机构、人力资源部门及教育行政管理部门的大力支持,极大制约了职业教育产教融合的联动发展。

(2)政府主导作用较薄弱

积极发挥政府主导作用是职业教育产教融合健康发展的关键,形成"政府主导、行业指导、企业参与、学校推进"的环环相扣的协同育人机制,是产教融合实现的重要保障。目前,国家层面加大宏观政策制定力度,进行顶层设计,引导改革发展方向,不断推进产教深度融合,但各地政府针对区域经济与产业特点出台的实施细则还明显不足,政府在产教融合校企合作的治理体系建设中的主导作用发挥还不够充分。职业教育产教融合治理体系的构建需要政府的统筹规划,更需要政府实行优惠政策或设立专项资金。近几年我国对于职业教育与产业发展之间建立了联动协调机制,但在统筹职业院校和企业持续健康发展的功能上,政府作为行政主导部门对于职业教育产教融合的管理成效还有待进一步加强。

2.院校层面

(1)院校服务社会发展能力不足

产教深度融合的表现之一是职业院校更好地为区域经济社会发展服务。然而,由于目前校企合作及职业院校办学目标存在机制体制性障碍,使得职业院校在人才培养、专业设置、课程设置等方面不能与区域经济的支柱产业有效衔接,人才培养模式等方面都滞后于企业及社会的用人需求。此外,职业院校缺乏大量真正具有"双师"素质的专业教师,也影响了其社会服务能力的提升。

(2)院校服务行企的能力待提升

目前,高职院校的科研能力相对薄弱,并不能较好地发挥其服务能力。首先,部分高职院校在人力和物力上均不具备为行业企业提供技术支持以及辅助研发等方面的能力,也很难承担区域行业企业员工培训和继续教育的任务,不足以吸引企业参与人才培养合作。究其原因有二:其一,缺乏真正能教授学生理论知识、指导学生实训、参与企业新技术和新产品研发的教师;其二,多数高职院校教学设备落后于企业生产设备,难以吸引企业合作。有的高职院校学生的顶岗实习能力、实际掌握的技术技能落后于企业工作岗位需求的技术技能,学生顶岗实习并不能提升企业的生产效益,部分企业甚至担心安全问题而不愿意接纳学生进入企业顶岗实习。部分高职院校学生顶岗实习存在实习内容和岗位与所学专业不匹配,为了实习而实习的现象。这些问题造成企业对高职院校依赖较小,双方缺乏合作的共赢点,有实力的企业即使需要校企合作,往往也会选择国内知名研究型大学,即便与高职院校合作,合作的内容和深度也非常有限。

3.企业层面:参与动力不足

(1)企业参与院校教的吻合度不高

在职业教育校企合作背景下,由地方政府主导,职业院校主动寻求区域合作企业,但学生培养和管理由院校负责,因此院校在产教融合当中发挥着积极主动的作用,而企业相对处于从属地位。同时,政府在制定校企合作、产教融合办学的相关法律法规方面,对社会行业企业的激励政策不够。由于企业参与职业教育的主要目的是获得最大化利益,事实上,企业不但没有获得相应利益,反而增加成本。因此,企业参与的积极性不高,责任意识也不强。职业院校和企业间的产教融合缺乏深度运营和交流管理平台,出现"企业冷、学校热"的尴尬社会现象。院校的培养目的倾向于学生学术成果、知识创新、专业技能等社会价值,企业更注重新设备技术投入及经济效益和社会效益,故二者彼此利益诉求存在严重分歧,缺少深层合作积极性。

(2)企业合作的意愿不明环境不稳

教育是公益性的,与企业追求利润的诉求存在冲突,企业内在利益需求没有得到满足,参与产教融合的积极性不高。参与产教融合提高了企业的时间、人力和资金成本,但是却没有增加利润。并且大部分企业追求的都是短期利益,但参与人才培养是一个长期的过程。因此,很多企业一开始对产教融合跃跃欲试,但在收获不到短期利益后,合作意愿就会大幅度降低。受市场经济影响,企业对产教融合的需求具有较大的不确定性。企业受宏观经济的影响较大,宏观经济形势较好时,企业高速发展,对人才的渴求也较为强烈,因而参与产教融合的积极性相对较高。一旦宏观经济的形势发生变化,企业的运营情况不够理想时,企业对产教融合的兴趣就会降低。

4.行业协会层面:监督评价不全

(1)多元评价体系不健全

近年来,国家高度重视职业教育发展,密集出台政策,涉及了教育评价改革等领域,但未对职业教育评价的主体与被评价主体之间的关系、各方权利和义务、评价的组织运行与规范、评价的相关细则等进行明确规定。如何从法律、政策及制度层面来规范评价,使评估权力的指向性坚定且明确,并通过相关政策规范评价市场,使其合法性得到更广泛的保障,是行业协会亟待慎重研究和解决。

(2)评价组织人员不充足

现阶段大多数评价机构的从业人员多是由政府、高校、科研机构及院校管理人员等组成,行业企业的专家或职业院校的一线专业教师的参与度明显不足,评价的专业性难以保障,评价的结论也就难以得到社会的信任和认同。

(3)评价保障体系不畅通

当前职业教育评价的市场监督管理体系尚不健全,从机构、人员、反馈、结果运用等闭环上不融通,管理平台、管理手段、管理机制建设尚不充分,不仅使得评价市场的运行处于"散乱"状态,还影响评价机构的健康进退,以及对职业院校评价的专业性和实效性。

(4)社会监督机制不健全

在地方政府出台的有关产教融合校企合作的政策或实施意见中,宏观性条文多,具体监督考核方面的措施比较缺乏,有涉及的也大多是关于要求财政部门加强对校企合作专项资金的监管。然而即便在政策中有提及监督考核的,针对的对象也主要是职业院校,其次是企业,但对于同样应该参与此项工作的有关部门、行业等是否有所作为,缺乏制约或奖惩性的举措。

第四节 产教融合的发展趋势

一、产教融合的发展路径

(一)加强顶层设计保障,使企业参与产教融合有章可循

政府需要统筹教育领域和经济领域,提升行业企业参与产教融合热情,一方面是健全产教融合体制。一是发挥政府主导作用,明确产教融合校企合作管理部门或是部门联合管理体制,建立集指导、管理及监督一体的产教融合校企合作完备体制。二是促进产教融合校企合作法律法规的完善,当前地区行动性法律法规的建立已经为国家立法工作奠定了基础,未来政府的着眼点应该在"产教融合、校企合作"的立法工作上。另一方面是完善产教融合机制。一是完善产教融合协同推进机制,完善国家职业教育指导咨询委员会工作机制,进一步提高政府科学化决策的水平,为职业教育改革提供重大政策咨询。二是完善地方职业教育工作联席会议制度,加强与发展改革、工业和信息化、财政、人力资源社会保障等有关单位联系,做好职业教育工作的统筹规划、综合协调、宏观管理,形成政策合力。三是完善政策支持体系,实施产教融合发展工程,落实财税用地等政策,支持若干有较强代表性、影响力和改革意愿的城市、行业、企业开展产教融合建设试点。四是完善产教融合政策环境,持续办好职业教育活动周等活动,多渠道总结提炼和宣传推介优秀案例,讲好职教故事,培育和传承好工匠精神。

(二)学校要转换思路,对接地方行业企业发展需求

目前,我国大多数高职院校是由原来普通中等职业学校或职业技工学校转型升格而发展起来,大部分高职院校具有一定的行业企业发展背景,因此,导致部分高职院校办学定位不够准确,在院校人才培养、招生规模和专业设置等方面上追求多而广、大而全,与区域经济社会产业发展联系不够紧密,跟不上国家产业转型升级、结构调整的步伐。在未来职业教育改革发展中,建议国家教育行政主管部门根据区域产业发展情况和发展战略,对高职院校的专业设置进行资源整合,明确各职业院校人才培养、办学定位、专业发展方向,将有限的教育资源集中投入到职业院校人才培养、专业建设、课程改革、师资队伍和实训设施建设当中上,防止院校教育资源分散投资或者重复投资造成资源巨大浪费。

1.专业建设对接区域产业发展需求

专业建设是职业教育开展教学工作的载体,职业教育要围绕区域经济社会发展的重点工程和重大项目、区域支柱产业、特色产业、新兴产业发展需要,建立动态调整机制,不断调整优化职业院校专业设置和结构布局,重点建设社会需求旺盛、社会服务结合紧密、人才需求量高的专业。从我国职业院校毕业生的就业调查情况来看,大部分毕业生在区域经济社会行业企业就业,这符合职业教育人才培养发展的客观规律。因此,职业院校的专业招生类型、招生规模、人才培养等必须精准对接区域社会产业人才发展需求。只有这样,职业院校才能培养符合行业企业发展需要的高素质劳动者和专业技术技能人才,才能进一步发挥职业教育为区域经济社会产业发展,提升职业教育产教融合的经济效益和社会效益,进一步赢得社会对职业教育的普遍认可度。因此需做好以下两点:第一,职业院校在制订招生计划、专业设置、人才培养

目标等之前,要广泛深入区域内行业企业进行专业人才需求调研;第二,应实施专业动态调整运行管理机制,及时撤销社会淘汰及就业率较低的专业,设立新兴市场专业,合并相近专业,不断强化区域行业产业与职业院校专业建设的联系,使专业建设紧跟区域经济社会发展和产业转型升级的发展步伐,增强职业院校在区域经济社会的发展认可度和吸引力。

2.课程建设对接岗位能力发展需求

课程建设是专业建设的核心内容,也是职业院校学生学习专业基础知识和职业技能水平提高的关键所在,这就决定了职业院校专业建设应与区域经济产业人才需求精准对接,并从职业岗位的"行动导向""能力本位"的需求出发,构建以知识、能力、素质三个系统相互支撑专业课程体系,将职业教育产教融合、校企合作办学模式不断深化。第一,课程建设中对专业核心能力课程,应由企业一线技术人员、高级管理人员及职业院校专业骨干教师共同开发制定。校企共建专业技能核心课程既能增强专业课程设置的实用性和科学性,又能确保专业课程内容的使用效果。第二,课程建设应充分吸纳区域经济社会产业的新工艺、新标准、新技术和新要求。同时教材内容不断更新也是课程建设的核心要素,因此职业院校专业骨干教师要高度关注区域行业企业的最新科技成果和发展动态,将企业的新标准、新工艺、新技术、新要求引入职业院校专业核心课程教学当中,以培养更加适合区域社会产业发展需求的高素质技术技能人才。第三,职业院校专业课程标准要对接区域社会产业职业岗位能力标准。在制订课程标准的过程中,依据不同工种岗位、不同级别的职业资格认证,参考借鉴区域经济社会行业企业各职业的技能标准,制订不同阶段的学生课程标准。同时课程标准也是对学生完成一定阶段学习成效的评估标准。

3.师资建设对接行企专家技术能手

专业建设的基础是师资队伍建设,职业院校应着力建设一支与办学目标发展相适应的师德高尚、结构合理、业务精湛、专兼结合的高素质专业化师资队伍,这是推进职业教育产教融合的重要抓手。多年来,我国职业院校师资队伍数量严重不足,尤其是既具有讲授实践技能,又具有讲授专业理论知识课程的"双师型"教师队伍更是严重匮乏,严重制约了职业院校人才培养质量。因此,职业院校必须大力推进产教融合、校企合作,以职业院校专业骨干教师对接行业企业骨干人员、专家技术能手等模式拓宽职业院校师资队伍的引进渠道,同时职业院校应加强自身培养,提高院校师资队伍的授课能力,达到整体提高职业院校师资队伍教学水平。第一,职业院校要改变新教师招聘方式,改革教师人事管理制度,不断引进区域经济社会行业企业专家技术能手、骨干人员等充实到职业院校专业教师队伍当中。第二,职业院校要通过培养、培训、进修等方法,不断提升自身院校教师队伍的教学及管理水平,积极鼓励职业院校一线教师深入行业企业顶岗实习、挂职锻炼等形式,到企业了解现代企业的生产管理、经营理念、技术开发等模式,不断学习企业新工艺、新技术、新方法,同时职业院校专业教师利用自身的专业理论知识为区域行业企业的技术研发和生产经营提供咨询服务,实现不断提高自我与创造社会价值的"双丰收"。通过行业企业的专家技术能手对接院校师资队伍建设,不仅能让学校人才和社会性人才相互融合、互为补充、形成合力,还能改善职业院校师资队伍的来源、结构和素质,从而构建起的职业院校更加强劲的"双师型"师资队伍。

4.实训基地建设对接行业技能需求

职业教育是培养学生以实践动手能力、技术服务为主的一种类型教育,实践教学是职业院校专业核心技能课程的主要教学环节。因此,职业院校在进行产教融合的过程中,要注重实践教学建设平台对接区域经济社会产业产研社会发展需求,不断完善职业教育实践育人体系建设。第一,职业院校实习实训平台建设要精准对接区域社会产业职业岗位的发展需求。一方面,职业院校在基础设施建设上,要不断根据行业企业的实际生产需求和工作情境来采购相关实践设备和建设相关实践场地;另一方面,教师在日常实践教学内容上要根据行业企业的职业技能水平来确定教学内容,且应充分体现行业企业工作岗位的具体技能要求。第二,职业院校实践教学建设平台对接区域社会行业企业的技术研发需求。通过有效对接,既能深化职业院校实践教学"产学研一体化"的程度,又能降低职业院校研发基地和实验实训基地的投入,进一步提升职业院校为区域经济社会技术服务能力和社会影响力,可谓一举多得。

(三)建立公正、严格的第三方评价机构,保证产教融合的实施效果

构建科学有效的产教融合评价体系,不但能促进职业教育产教融合管理的科学化,而且能促进产教融合质量的提升。应加快制定产教融合评价标准体系,从产教融合、校企合作的力度、广度、深度、密度、效度五个方面的指标来构建产教融合评价标准体系[3]。

1.重视院校的自我诊断改进

职业教育评价体系是教育质量保障体系的重要组成部分,职业院校通过自我诊断来优化评价体系、提升教学中产教融合的力度、广度、深度、密度、效度是改革中的关键。高职院校校优化产教融合评价体系是响应国家相关政策的重要举措,而自我诊断和改进对职业教育产教融合评价体系的建设发挥了积极的作用。

高职院校应基于科学、系统评价要求,明确产教融合评价体系的"差异性"设计原则。根据自身特色构建优化评价体系。受地域环境、教育理念等因素的影响,我国各个高职院校的办学背景、办学水平、专业设置、课程体系以及生源质量区别较大。因此,必须根据专业与课程的不同,确定产教融合评价体系的"差异性"的评价指标,并基于以上指标的设计原则在产教融合评价体系中对指标进行量化,更好地实现人才的个性化发展。高职院校既有"教育性"特点,也有"职业性"特点,职业院校的产教融合评价体系应尽量通过量化指标衡量结果,对于师生满意度、企业满意度等不容易被量化的指标可采用定性评价,以保证评价结果更为客观、合理。高职院校要秉持开放、多元的设计理念,在认清自身优势的基础上,借鉴国内外职业院校的经验,构建具有本校特色的评价体系。

2.推进第三方评价多维发展

第三方评价是指由独立于政府和市场组织的第三部门所承担、实施的评价,作为一种中间调节机制,第三方评价可以在一定程度上弥补政府和市场的不足,充当宏观国家和微观市场之间的一个中观协调角色,在利益表达、利益分配等方面起到重要作用。产教融合、校企合作第三方评价需要多途径同时推进,组建国家、社会、学校、企业、学生、家长等多方面评价小组,并由政府职能部门职业教育产教融合综合管理办公室统筹管理。

3.构建第三方评价指标体系

构建职业教育产教融合客观的评价标准体系,充分考虑产教融合多方利益参与者和产教合作的动态性特征,从产教融合的力度、广度、深度、效度和密度"5维度"来设计指标体系,全面反映产教融合的实际状况[4]。

(1)产教融合力度指标。包括组织保障、制度保障、合作保障以及理论保障4个二级指标。其中,组织保障包括学校领导机构的设置情况、产教融合的具体组织机构设置情况等三级指标;制度保障包括学校是否制定校地、产教融合的制度和办法、三年发展计划、校地校企合作年度和学期工作计划以及实施成效考核细则等三级指标;合作保障包括学校与高新技术产业园、经济开发区、高新技术产业开发区等国家级、省级园区签订的战略合作协议数量等三级指标;理论保障包括学校是否成立省级行业协会级发展研究中心、是否申报省级以上的重大课题等三级指标。

(2)产教融合广度指标。包括融合平台数量、融合企业数量、融合办学数量3个二级指标。其中,融合平台数量包括以下三级指标:牵头组织国家级、省级职业教育集团数量,本校参与的职业教育集团、行业协会数量等;融合企业数量包括以下三级指标:签订并履行合作协议的企业数量、企业参与专业教学程度、企业投入增长率等;合作办学数量包括以下三级指标:学校与国内外高校和企业合作办学的项目数量。

(3)产教融合深度指标。包括专业课程共建、师资共享、基地共建、人才共育以及成果共用5个二级指标。其中,课程共建包括各专业是否有紧密合作企业及有关单位、企业参与教学课程建设的情况,每年召开课程建设会议的数量以及与企业和有关单位共同制订课程标准、教学大纲的数量。师资共享包括是否建有高技能人才等兼职教师库、是否聘请企业等有实践经验的专家担任兼职教师以及学校教师到企业开展培训工作的情况。基地共建包括校企共建校内实训基地数、企业捐赠额、顶岗实习基地数量、合作企业接收的顶岗实习学生数、就业学生数等。人才共育包括教师参与工学结合的比例,企业奖(助)学金,校企专家指导学生参加全国、全省技能大赛及获奖数3项指标。成果共用包括校地校企共建省级、国家级科研平台,共建产品研发中心数以及产教融合获国家及省级教学成果奖数量等。

(4)产教融合密度指标。主要衡量"五对接"的程度,包括专业和课程设置与现实产业需求和人才标准的对接程度、就业实习与生产制造过程的对接程度、学校名师与企业工匠师资的对接程度;学校科技成果转化与企业科技成果需求的对接程度以及学校教师与企业职工能力提升的对接程度5个二级指标。

(5)产教融合效度指标。包括人才培养质量、社会服务能力、学校发展水平3个二级指标。其中人才培养质量指标包括毕业生就业率、雇主满意度、母校满意度、学生专业技能抽测合格率、毕业设计考核合格率、毕业生三年职业发展晋升比例、国际国内职业技能竞赛、大学生创新创业竞赛获奖数;社会服务能力指标包括技术服务水平提升度、职业培训能力增强度、科研项目与平台增加度;学校发展水平指标包括专业设置与产业需求对接的紧密度,基础设施、实习实训条件的改善度,"双师素质"教师比例的提升度,课程建设质量的提高度、社会美誉度等。

(四)面对人工智能技术的发展,职业院校要提早布局,适应未来产教融合发展的新趋势

1.加强专业链和产业链的有机衔接

产业和教育的协同发展,离不开产业和专业的有机衔接,离不开产业对专业的基础支撑,

离不开专业对产业的人才及技术反哺。加强专业链和产业链的衔接,构建专业和产业协同发展,形成产教融合利益共同体,是专业紧跟产业,产业引领专业的必然途径。教育部原部长陈宝生指出,要把专业建在产业链上,把学校建在开发区里。目前,我国处于创新驱动发展的新阶段,经济发展的主要动力要从先前依靠资源、劳动力、资本等要素拉动,切换到靠创新来驱动。比如,智能制造装备、新一代信息技术、新能源产业、智能电网、云计算、移动互联网等在旧的产业链上实现更新,产业朝高端化、智能化、绿色化、服务化和品牌化发展。在新的经济形态和经济发展方式下,旧的产业链赋能指数降低,可持续发展能力减退,以轻资产、重知识产权、重技术创新和高成长性为特征的新经济发展方式迅速形成,催生了新的产业链,比如共享经济、物联网、区块链、虚拟现实与增强现实、环保和新能源等。在此背景下,教育部积极引导和鼓励高校开设家政专业,要求每个省份原则上至少有一所本科高校和若干所职业院校扩大家政服务相关专业链的培养,这正是加强专业链与产业链衔接的体现。

职业教育和区域产业的创新协调发展,是职业教育与产业同步变革与升级的主动调节过程,离不开专业对区域产业发展的人才需求供给及技术研发的贡献,离不开区域产业对专业发展的有效引领和支撑。构建专业链和产业链的协调创新发展,促进相关产业与目标产业、新兴产业和支柱产业的协调发展,形成产教融合协调发展相关利益共同体,是职业教育专业紧跟产业,产业引领专业螺旋上升发展的必然途径。近年来,随着国内外经济形势不断发生变化,全面推进人工智能、"互联网+""中国制造2025",新技术、新产业、新经济、新业态等不断涌现,由原来依靠劳动力、资本、资源等要素拉动经济发展转移到不断依靠创新技术来驱动经济快速发展。

二、产教融合的前景展望

(一)开展理论研究挖掘内在驱动

产教融合校企合作反映了职业教育发展的内在要求和基本规律,只有将其上升为有指导意义的教育理论,形成不同地区、不同行业、不同专业可借鉴的教育模式,才能更好地指导教育实践,引导职业教育产教融合利益相关方协同行动,解决企业参与校企合作内在驱动力不足的问题。推进产教融合理论实践,关键在于弄清楚要把职业教育系统外部的来自产业系统的哪些要素以及何种信息输入系统内部,如何在职业教育系统内部整合这些要素和信息,从而产生预期成果,提高企业参与产教融合校企合作的积极性。譬如,研究职业胜任力要素,依据科学方法描述职业胜任力的不同维度,按照专业能力、社会能力、方法能力等维度分析解构职业胜任力,开发职业教育专业标准,促使教育对象能够胜任职业岗位,达到企业需要的技术技能人才能力要求。

(二)开展实践研究强化外在驱动

企业成熟精干的技术以及实训资源为职业教育高质量人才培养和校企合作提供了平台,让学生有更高的能力去应对企业的外部变化,推动企业技术技能人才结构的良性发展,从而提高企业的社会效益和经济效益。从职业教育系统外部及时地输入要素与信息,采取组织职业教育联盟、成立职业教育集团、建立校企合作办学指导机构、建设双师型教师队伍等措施深入夯实产教融合实践基础,充分发挥民间组织的桥梁作用,建立起连接企业、学校、政府的中介组织和机构,通过组织专家进行认真研究,为政府提供政策建议和咨询,向企业和学校宣传、推广产学研结合的经验,促进企业和学校共同发展。

(三)推进区域间产教融合的协调发展

一是以政府为抓手,统筹不同区域的职教资源,成立全国职业教育产教融合发展促进会,建立资源共建共享机制,推动区域间产教融合校企合作的优势互补、共同发展。构建全国职业教育产教融合合作平台,加强各区域职业院校、产业协会、行业协会的对接,打破区域和院校围墙界限,对区域公共实训中心、就业创业中心及公共信息平台等资源实行共享。

(四)推动区域内产教融合的特色发展

一是动态调整优化专业结构,职业院校专业设置要与区域的经济产业结构相匹配,要从区域经济发展、产业结构、行业发展的角度规划职业院校专业和课程设置,对其吻合度、特色性进行评估,健全以需求为导向的特色化专业动态测评机制,精准服务区域产业的转型升级。二是职业教育人才供给满足区域的经济转型升级需求,要把服务于新兴行业和重点发展智能制造等产业的专业作为品牌特色专业进行重点打造,及时为区域实现新旧动能转换提供人才支持。三是实现多层次贯通式高级技能人才培养,职业教育要实现专科-本科-研究生不同层次技能人才的贯通式培养方式,全方位满足区域产业和经济发展对应用型高技能人才特色化需求。

第二章 产教融合的路径

第一节 产业融入教育发展

一、完善学校法人治理结构

（一）完善学校法人治理结构的意义

国家提出要"完善中国特色现代大学制度""完善治理结构""探索建立高等学校理事会或董事会,健全社会支持和监督学校发展的长效机制,"[5]公立高等学校的治理结构改革问题再次提出。2011年3月,中共中央、国务院下发《关于分类推进事业单位改革的指导意见》,明确了事业单位改革方向,要求建立健全法人治理结构。因此,构建现代职业教育体系需建立公立职业学校法人治理结构。公立高等职业学校法人治理结构是指各利益相关者在学校决策、执行、监督过程中,为实现职业院校公益目的而形成的一系列组织架构和制度安排。公立高等职业学校建立法人治理结构,既能够促进政府职能转变,又能够推进职业教育健康发展。一是有利于改革职业教育管理体制,实现政事分开。建立法人治理结构后,公立高职学校成为真正独立的法人实体,自主管理,自我发展,有利于理顺政府与学校的关系,推动行政主管部门加快职能转变,强化政府对学校的规划和监督指导等职责,进一步落实学校法人自主权。二是有利于创新职业教育运行机制,提高职业教育公益服务质量和效率。建立法人治理结构后,学校法人拥有自主权,职业教育决策与执行相对分离,理事会只管重大事项,校长自主负责学校具体运作,有利于职业院校对自身发展作出科学决策。理事会成员集体决策,有利于职业教育决策科学,增强职业教育生机活力;校长自主运作,有利于提高学校运行效率,强化学校内部管理。三是有利于加强对公立职业院校的监管,强化其公益属性。建立法人治理结构后,学校理事会是决策机构,理事会的构成校外人员占多数,能够有效避免学校领导层控制及其所带来的一系列偏离职业教育公益目标的问题。在组织保障和制度保障下,公立高等职业学校的内部制衡与外部监管相结合,可以有效规范学校运营和管理,确保职业教育公益目标的实现。

发达国家职业院校的发展能为我国构建现代化职业教育体系提供良好的借鉴经验。一是法律层面高度重视。发达国家高度重视公益教育机构的治理问题,从立法的角度为公立职业院校建立法人治理结构提供了明确的法律依据,包括学校的组织架构、职责权限和人员构成等。因此,构建现代职业教育体系需从法律层面重视法人治理结构,为职业院校提供法律保障。

二是学校理事代表广泛。国外公立职业学校的理事会(或董事会、管理委员会)是名副其实的决策机构。理事会在其构成上尽量吸收社会各方面代表参加,作为不同利益相关者共同参与学校决策和监督的制度平台。一般来说,有公立职业学校内部的教职工、学生家长代表,有的还包括政府部门、社区和社会人士的代表;同时,坚持理事会中任何利益方不占优的原则,防止任何一方垄断理事会的决策权,职业学校外部人员担任的理事一般占多数。如德国慕尼黑某职业学校理事会由 16 人组成,其中社区代表 4 人、家长代表 4 人、教育部门代表 4 人、学校代表 4 人(校长 1 人、教师 3 人)。值得一提的是,国外公立职业学校的理事是社会公益职位,往往不从中获利。

三是政府参与程度较高。为了达到监管的目的,防止学校管理者侵害公共利益,政府往往对学校理事会施加更大影响力,学校理事会通过教育部门向政府负责。首先,政府拥有选派多名代表进入理事会的权利,但为了保证学校自主性,政府根据不同职业学校理事会的专业技能要求,经过一定程序遴选产生理事。政府界定职业学校理事会职责权限,并监管理事会运行。还有不少国家的政府要求,学校理事会的重大决策应向社会公众公开,提高公立职业学校决策的透明度和问责性。[6]

(二)完善法人治理结构的措施

1.探索多元化融资途径和融资结构

混合所有制职业院校具有多渠道的融资途径,资本结构的多元化是其本质特征,包括国有资本、集体资本、民营资本甚至外资,可借鉴国外发达的信托管理机制,建立专业的财政治理机构。国有资本的参与是混合所有制职业院校的内在要求,政府的财政拨款是最主要的经费来源,政府层面要运用法律、经济和信息等手段,建立总体财政供给规划,统筹资源。来自企业行业的集体资本、民营资本、外资等非公有制资本,以资本、知识、技术、管理多种形式投资参与校企合作、项目建设等,是混合所有制职业院校引入社会资本的主要方式。我国大学捐赠的历史性突破是捐赠排行榜的出炉,国家要制定相应的捐赠减免税收政策,鼓励企业的捐赠行为,完善捐赠融资的法律体系。混合所有制职业院校与社会力量可通过相互委托管理和购买服务的机制,获取社会培训、技术开发等方面的收益。

2.完善多维度监督和绩效评估机制

混合所有制职业院校由多元化的产权主体联合出资所形成,追求办学效益最大化和效率最优化,其监督机制是一个多元多维监督机制的复合体,包括治理组织内的监督机制,党组织监督机制,政府教育督导部门督导机制以及行业企业、社会媒体、第三方审计机构和社会公众所形成的监督机制。借鉴国外的经验,混合所有制职业院校应建立以绩效为导向的社会参与的认证与评估机制。职业院校应构建兼顾经济和社会效益的评价指标体系形成定期评估制度,对董事会和校长的履行职责情况进行全方位绩效评估,评价主体以股东会和监事会评价为主。在学校外部,应由专业性中介组织或公正的第三方机构对治理绩效进行评估,国家和政府应制定评估规则和制度,确保评估机制的运行上,从国家立法的层面对社会认证尤其是行业协会认证进行规范,将专业评估和专业认证、职业资格证书相结合,建立教育部门内部评估和委托行业协会的外部评估结合的质量保障机制。[7]

(三)我国公立高等职业学校法人治理结构试点情况

目前,事业单位法人治理结构试点工作已在全国范围内展开。部分省市选择了公立高等职业学校作为法人治理结构试点,在职业教育管理体制改革中进行了探索,广东、甘肃、贵州等地在高等职业教育法人治理结构试点工作中已经积累了一些经验。

1.试点概况

一是建立理事会,聘请相关政府部门、行业企业、学生家长代表、社会知名人士担任理事。理事会为最高决策机构,并设立处理日常事务的常务理事会。有的理事会还下设监事会和专业委员会。监事会负责对学校运作情况进行监督。专业委员会按学校专业分设,为理事会提供决策咨询和建议。理事会具有议事监督性质,并具有发展规划、重大业务事项、监督学校财务运作,协调外部关系,吸收社会力量、资源参与办学等职责。

二是建立管理层,负责执行理事会的决策,全面负责教学科研与相关企业行业合作及其它行政事务。学校校长及其副职、财务负责人以及其它行政职能部门负责人组成行政管理层。校长为执行理事长,也是法定代表人、行政负责人。校长对理事会负责,参与理事会决策,定期向理事会汇报学校的运行管理状况,接受理事会监督,财务负责人负责单位财务和审计工作,并对理事会负责。

三是有的学校还设立监事会,负责对财务、管理运作和理事会成员的履职情况进行监督。监事会成员由政府部门代表、学校纪检人员、教职工代表、家长和行业代表组成。

四是建立与政府部门的关系处理机制。公立高等职业学校多为政府部门管理的事业单位,教育业务由教育部门指导,行业主管部门负责制定相关行业的发展规划和公共政策,并委派理事参与理事会管理运作。理事会按照行业发展规划和公共政策并结合学校实际情况,在职责范围内对学校的重大事务进行审议或决议,并向主管部门反馈业务开展情况,接受监督管理。

2.试点成效

试点院校通过试行法人治理结构,不断吸收社会力量和资源参与办学,积极探索紧密型和联盟型成员合作模式,在合作办学、"订单"培养、率先探索建立现代职教体系(高职带动中职)、境内外院校合作、技能培训和鉴定、在职人员继续教育、合作就业、合作科研、"双师"团队构建、合作制订行业标准、合作共建实训实习基地等方面建设取得了不错的成效。广东、甘肃的试点院校在法人治理结构框架下,合作成员以院校为依托,以职教集团为平台,探索形成产学研联动机制;以院校为依托,与境内外院校建立合作办学机制;以院校及下属二级学院、教学类直属事业单位为依托,建立教学联盟机制,实现资源共享;以院校为依托,建立联盟型以及紧密型科技研发机制;依托科研、行业企业单位组织,有效衔接科技研发和产业体系,促进科研成果转化推向市场,并形成市场反哺科研、教学的有效机制。

二、优化职业教育供给结构

(一)职业教育供给结构现状

一是高等职业院校布局结构、高等职业教育专业及专业布局结构欠优。高等职业院校布局结构与区域经济社会发展适用性有待进一步增强,高等职业教育专业及专业布局与产业布局的匹配性有待进一步增强。

二是高等职业教育办学层次结构欠优。高等职业教育的"断头"教育趋势依然存在,服务产业转型升级发展的本科、研究生层次的高等职业教育尚未有效建立,高质量、高素质的高端技术技能人才培养的短板缺陷比较突出。加快推进湖南现代职业教育体系,构建现代职业教育"立交桥"缺乏力度,试点探索4年制高职本科人才培养、试点探索五年制高本贯通人才培养未见行动和试点探索七年制中本贯通人才培养阻力重重,举步维艰,行动滞后。

三是高等职业教育办学规模结构欠优。高等职业教育规模持续增长,但高等职业教育质量供给仍然不高。由于职业教育校企合作条例、指导性专业教学标准、专业评估认证、教学质量整改等相关法规和制度修订完善滞后、实施不严,依法行政、依法治教、依法治校制度落实存在差距,高等职业院校办学自主权落实不到位,高等职业院校内部治理能力水平整体不高,产教融合校企合作成效不明显,人才培养过程监管不健全,人才培养质量整体不高,毕业生就业创业质量仍然不高。

(二)职业教育供给侧改革的路径探索

1.优化职业教育专业结构,适应产业转型升级的需要

经过多年的发展,我国职业教育取得了较大的成绩,然而,面对我国经济社会发展转型、产业结构调整与升级的新形势,职业教育专业建设却表现出较大的不适应性,难以跟上新常态的发展要求。一方面,受到以往重规模发展的思维惯性影响,很大一部分职业院校在其专业建设上热衷于"大而全",盲目地扩大专业规模、数量,忽略了自身教育资源的匹配度,使得师资力量、教学设施设备、人才培养体系等软硬件资源建设难以跟上专业扩张的步伐,而导致人才培养质量低下、特色不足(同质化问题突出)、专业竞争力薄弱等问题,在很大程度上造成职业教育人才供给的"结构性浪费"。另一方面,职业教育专业建设严重滞后于经济发展需要,难以跟上产业结构调整、新技术、新产业以及创新驱动发展的要求,并且缺乏一套专业随产业发展的动态调整机制,专业被动地适应市场,而导致专业供给的"结构性缺失"问题,难以引领经济社会发展。针对以上问题,推动职业教育供给侧改革的首要任务就是要根据产业调整方向、经济发展对于劳动力人才需要结构的变化,不断地优化和调整专业结构,实现职业教育专业链与产业链相对接。

首先,围绕新常态下产业转型升级的方向,加快推进适度超前于产业发展的职业教育专业群建设。职业院校专业设置和调整不仅要紧随产业转型升级发展的需要,同时要适应新产业、新行业、新技术、新岗位的需要,有的放矢,适应和引领新需求,提升职业教育专业建设能力。

其次,构建开放动态的专业设置与调整机制。目前,我国职业教育专业建设的市场化程度还比较低,面对外部产业转型升级、现代技术革新对劳动力结构的需求变化加快,亟待建立以市场为主导的开放、动态的职业教育专业设置与调整机制。对此,需要积极引入独立的社会第三方对职业院校毕业生的就业质量进行跟踪调查和评价,根据毕业生就业质量的评价结果对专业做出预警,划分出红牌专业、黄牌专业、预警专业等,以此作为职业院校专业设置与调整、专业招生计划的主要依据。最后,积极开展职业院校自主设置专业的应用试点。允许办学条件成熟的职业院校进行差异化探索,尊重其在专业建设中的首创精神。随着外部市场需求的变化加快,职业院校进行专业调整的时间也不断缩短,如果仍然按照以往的专业调整需要逐级进行备案审查,必将拉大市场需求与专业供给的差距,不利于专业与产业的对接。对此,新常态下的职业院校专业建设必须打破常规,以更加灵活的方式应对产业结构调整的需求,创新专业管理办法,允许一些条件成熟的职业院校根据地方产业的发展需求,试点自主设置专业,尤其鼓励兴办特色专业,并逐步向全国推广应用。这不仅有利于缩小专业供给与产业需求之间的"时间差",还有利于职业院校发展特色专业,进行特色化办学,从而提升自身竞争力。

2.从"封闭"向"开放"转型,探索全方位、开放化的职业教育办学模式

走开放化的办学之路,不仅是新形势下职业教育的战略抉择,更是促进职业教育走向现代化的关键。职业教育供给侧改革,应突破传统"封闭式"的办学模式禁锢,积极面向市场,与行业、企业、产业界、社会以及个人等主体展开深度合作,主动向"开放化"转型,在真正意义上实现校企合作、产教融合、产学研一体化,探索全方位、开放化的职业教育办学模式。

从政府层面来看,应充分认识到市场主体参与职业教育转型发展的意义和作用,积极搭建平台,促进职业教育与行业、企业、产业间的深入融合,在职业教育与市场对接中真正发挥桥梁与纽带作用。第一,要完善校企合作相关的法律法规,以立法的形式来保障校企、校产之间的联姻,为深化校企合作、产教融合提供法理依据和保障,进而为实现职业教育开放化办学奠定坚实的基础。第二,由政府牵头,构建由行业、企业、产业、社会专业化组织、职业院校等多方主体组成的行业指导委员会,共同为职业教育人才培养工作出谋划策,培养出更多适应产业发展需求的高素质技术技能型人才。第三,由政府出面,合理引导校企合作,尤其要积极鼓励当地的大型国有企业支持职业教育发展,并根据区域高技术产业、现代服务业、高端制造业、现代农业等产业的发展走向和现实需要,确定校企合作项目和实训基地,保障职业院校专业设置与产业需求、课程内容与职业标准、教学内容与岗位要求、教学过程与生产过程之间的有效对接,增强职业教育推动区域经济发展的能力。从职业院校层面来看,要紧密围绕产业发展需求开展技能应用型人才培养工作,不断优化人才培养目标和结构,适度超前于产业发展需要,为战略新兴产业储备人才。第一,要加强与产业、行业、企业之间的联系,可以聘请资深的产业人才、行业专家、企业经营管理者、高级技术工人等优秀社会人才作为推动职业院校转型的咨询顾问团,引领职业教育创新发展。第二,根据经济社会发展转型期对于人才需求的变化,职业院校要积极主动地调整人才培养目标、形式和规格,并以推动校企深度合作办学为抓手,共同组织专业课程开发,设计教学内容,开展教育教学,变革人才培养模式,以推动职业教育人才培养过程的最优化。第三,强化职业院校的实训基地建设。职业院校要积极与产业界展开合作,联合共建开放式、高水平、特色化的实训基地。同时,也要与企业一道,共建集教学、科研、生产、管理与经营为一体实训基地,确保职业院校人才培养规格与产业市场用人标准相对接,技能训练与企业岗位要求相对接。

3.以市场需求为基,促进职业教育供给侧与需求侧的双向对接

职业教育供给侧改革,应以提升人才培养质量作为改革的出发点和落脚点,从供给端和需求端同时发力,以市场需求为基,多管齐下,保障二者的双向对接,实现人才供给与需求之间的协同共振和良性互动。

第一,要做好职业教育供给端的方向引领工作。职业教育不仅要以就业为指向,而且还要兼顾部分受教育者升学的需要。当前,深化职业教育供给侧改革的首要任务就是要做好方向引领,树立正确的职业教育发展观,既要满足受教育者的就业需要,也要满足其升学的需求。对此,需要积极推进"普职融通",而不能人为地将职业教育与普通教育简单粗暴地割裂开来,尤其不能一味地强化普通高中教育的升学作用,而是要逐步增强其在受教育者职业准备中的基础性。

第二,强化职业教育供给的基础能力建设,既要保证职业教育的充足供给,同时也要为受教育者提供分类选择。职业教育供给侧改革,要以提质增效为目标,去除职业教育发展中的过剩产能。严格根据政策文件的规定,对一些办学不合格的职业学校进行停办、关闭、划转、合并,提升职业教育供给的基础能力,以保证普职学校之间的结构和配比合理。同时,还要以满足受教育者的就业、升学双重需要为基础,逐渐弱化职业教育与普通教育之间的类别和层次差异,让受教育者在高中阶段进行教育类别选择时,不仅仅依仗于其考试分数,还能够兼顾其自身的学习兴趣、特长,在职校或普高之间进行灵活选择。

第三,调整职业教育供给结构,打造纵向贯通、横向互联的职业教育体系。一方面,从供给主体入手,进行结构调整。现阶段,我国高中阶段教育实施的是以中等职业教育和普通高中为双主体的教育结构,其中将中职教育作为就业准备的教育类型,而普通高中教育侧重于学业准备,并以此对两者进行严格区分。然而,这种区分在一定程度上矮化了教育主体的效能,使得职业教育表现出"重技能、轻文化"的倾向,而普通高中教育却陷入到"重升学、轻职业"的旋涡之中。对此,应加快促进双主体职能的互联共通,可以让普高教师承担中职的文化课程教学,而让中职教师承担普高的职业课程教学工作,在教育教学工作开展中发挥双主体的互补协作功能。另一方面,优化职业教育区域布局和专业结构。根据区域产业布局的要求,对职业院校的布局进行调整,促进职业教育资源的优化配置。同时,根据产业结构转型升级的要求做好职业院校专业设置的加减法,逐步减少或升级过剩产能专业,增加与新兴产业发展相匹配的专业。

4.引入第三方评估机构,创新职业教育评估体系

推动职业教育供给侧改革,提升职业教育的办学质量和社会吸引力,关键在于创新职业教育评估体系,构建完备的现代职业教育评估制度,积极引入第三方评估。按照结果导向、可操作性的要求,创新职业教育评估主体和评估方式,并有效运用评估结果,以适应新时期职业教育评估的要求。

首先,要创新职业教育评估主体,积极引入第三方组织对职业院校实施评估。与以往由教育行政机构为主导的教育评估有很大的不同,第三方评估组织的引入能够改变当前职业教育管、办、评不分离的弊病,增强评估的独立性、科学性和客观性。其次,以现代化的信息技术为手段,创新职业教育评估方式。与以往专家进校所进行的现场评估不同,以现代信息技术为依托的现代化教育评估方式能够极大地解放生产力,并且将大数据、云计算等信息化技术运用到职业教育评估当中,提升评估的效率、效益和准确性。此外,由第三方组织进行独立评估,还能够减少过去专家进校评估的一些干扰因素影响,评估过程也更加透明和科学,评估结果也更具有客观性和公信力。最后,合理运用评估结果,强化其在改进职业教育办学上的作用。提升办学质量是职业教育评估的本质要求,评估的主要目的在于及时发现问题、解决问题。为此,职业教育评估必须注重实效,不能简单地将评估结果作为赏优罚劣或划分学校优劣的标准和手段,而应更多地发挥其在监督检查、激励指导职业教育办学和管理等方面的作用。同时,第三方评估机构应以合法的方式及时向被评院校反馈评估结果,针对其中存在的问题,由主管的教育行政部门进行监督整改,为职业院校改进办学提供有力的依据。

5.以现代职业学校制度建设为导向,保障职业教育的有效供给

加快推进现代职业学校制度建设,构建一套结构合理、灵活有效的运行机制,是实现职业教育治理现代化的必由之路,也是实现职业教育内涵建设、提升职业教育供给质量和效率的基础。现代职业学校制度的建立和完善,是在政府、社会的约束下,职业院校自我建设和优化的过程。深化职业教育供给侧改革,要切实将现代职业学校制度建设摆在重要位置。

首先,要理顺政府与职业院校的关系,落实和扩大职业院校的办学自主权,逐步减少政府对职业院校办学和管理的直接行政干预。同时,职业院校办学应以市场为导向,完善市场调节机制,充分发挥市场在职教资源配置中的决定性作用,进一步矫正以往过多依靠行政管控所导致的资源配置扭曲或错配的状况。其次,完善党委领导下的校长负责制,推进职业学校的法人治理结构建设。明确职业学校的党政分工,科学确立学校内部的治理结构和决策运行机制。在落实校长负责制的同时,还要对其进行适当的确权,使职业院校拥有根据市场需求决定自身的学科专业设置、教师评聘、招生规模、学制调整以及资金使用等方面的办学自主权。最后,根据产业转型升级和技术革新的要求,科学确立职业技能人才的培养目标,探索建立一套专业技能教育、创新创业教育、实践协作能力培养、职业品德培育等有机融合的培养机制,着力培养一批适应经济社会转型所需的结构合理、技能扎实、全面发展的高素质技能型劳动者,充分保障职业技术人才的有效供给。[8]

三、加强工匠精神教育培养

(一)工匠精神教育的意义

构建现代职业教育体系,适应当前社会经济发展对技能型人才的需求,培养技能型人才的"工匠精神",是时代赋予职业教育的历史重任。"工匠精神"指的是工匠们根据顾客或各行各业的需求进行产品创造,对自己所从事的事业执着地坚持,既不放弃也不改变自己的初心,充满敬畏感地对自己的手艺有超乎寻常的艺术追求。工匠们专心工作,一项工作一做就是一辈子;孕育"工匠精神"厚土的敬业精神,既有对为之奉献事业的尊敬,有对手艺超强艺人佩服的术业之敬,还有徒弟对师傅的尊敬之意。"严谨、一丝不苟"是"工匠精神"的态度。一次就把事情做对、做好,对于任何事情都尽心尽力,采取严格的检测标准,不容许一丝一毫地投机取巧,并且工作态度严肃、谨慎。"精益求精、耐心坚持"是"工匠精神"永恒的追求。注重细节,一点儿都不能差,差一点儿都不行,反复改进产品十年如一日,反复磨练。

(二)工匠精神的内涵

1.知行合一

知行合一,是中国哲学的一对范畴。孔子主张把理论的知识和实际的应用结合起来,知行统一。职业教育与普通教育相比具有特殊性,主要体现在职业教育强调理论知识与实际操作训练相结合;职业院校"双师"素质的老师不仅在理论知识上知道是什么,而且要具备相应专业实践经验通晓如何做。为保持职业教育这份特别的活力,就要重视职业院校与市场关系的构建,既需要职业院校开设相关的理论课程培养训练技能型人才的"知",也需要企业行业在技能型人才培养的过程中搭建服务平台——校企合作、产教融合,从而在实践操作中强化技能型人才的"行"。也就是说,技能型人才在完成所需技能必备的文化基础课、专业课程学习以后,需要与生产实践、工作过程相结合,通过实践操作作为其"助攻"。因将"知行合一"的思想运用到当代技能型人才"工匠精神"的培养模式,不仅依靠职业院校自身的努力,也离不开企业行业发挥育人主体的作用,即体现在课程与教学离不开工学结合、知行合一的基本路径。企业的实践工作过程是知识和技能产生的摇篮,技能型人才所学知识和技能在职业院校和企业行业之间实现双向迁移,这样坚持知行合一的价值主张为技能型人才"工匠精神"培养提供动手操作的机会,也有利于提高技能型人才解决实际问题的能力。

2.敬业乐业

早在中国两千多年前的战国时代,工匠为了把自己铸造的剑追求到至臻化境,专注、敬业、执着,甚至付出自己的生命。打造中国经济的升级版,需要一大批技能型人才敬业地完善每一件小事、每一个细节,只有这样敬业乐业的"工匠精神"作为价值支撑,才能提高技能型人才"工匠精神"的培养质量与社会需求的匹配度。

3.德艺并举

在儒家思想里,"德"为第一要义。"德"字在《论语》中的意思分别有恩德、作风、道德、君子德风、小人德草等。"艺"在《论语》中一般都认为是指六艺之说,即礼、乐、射、御、书、数。此外,《论语》中的"艺"既指技能,也指艺之道。也就是说,倡导的"艺"要熟练、精通而不在于追求数量多,等到人在所需要的基本技能达到一定境界以后,掌握的"艺"和人的"德"相结合,从而达到道。"以德为先""德艺并举"的人才观是中国"工匠精神"宝贵的财富。而具有中国特色的"工匠精神"兼备良好的人文精神和高超的工艺精神,正是经济结构转型背景下技能型人才需要具备的。衡量技能型人才"工匠精神"的重要标准包含职业操守、技能水平的高低以及生产工艺的功效与质量,而践行德艺并举便是弘扬技能型人才"工匠精神"的显性表现。职业教育以学习者为中心,既提供职业知识、职业技能的学习,又提供实践操作的场所和机会,促使职业精神的养成以及就业和创业能力的获得,而注重"工匠精神"的培育,将使职业教育再上新的台阶,当然更需要职业院校着力从课程模式、专业设置和产教融合等方面设计和加强,更需要企业和国家的共同努力。

(三)如何做好工匠精神教育

1.职业院校加强技能型人才"工匠精神"的有效果培养

(1)强化课程模式与"互联网+"业态相适应

"互联网+"是促进制造业转型升级的重要方式。制造类专业在课程设置上也要满足"互联网+"行动计划对各专业的需要,既要有熟悉互联网技术、物联网技术、3D打印等技术,还要加强在创新驱动理念引领下对绿色制造技能型人才的培养。大数据时代的到来,以及从当前经济发展的大背景来看,课程建设要更加多元化和人性化,例如慕课和微课的多资源精品课程的学习等等,从而助力职业教育信息化均衡发展。因此,在"互联网+"新业态背景下,将职业教育培养的技能型人才"工匠精神"融入国家"互联网+"行动计划,依托互联网平台、顺应信息技术的发展,以国家产业结构调整和经济发展方式转变为导向,以增强职业院校课程吸引力为出发点,以调动技能型人才的学习主动性为切入点,以提高职业院校课程教学效果为落脚点,设置适应"互联网+"业态的课程模式,为技能型人才"工匠精神"的培养提供广阔的交互式教育学习平台。

(2)重视专业设置与市场紧密对接

社会、经济、行业的发展对用工的需求是以社会的贴合度为标准的,即企业需要的工程师或者工匠,必须紧密结合社会发展、科技进步和经济增长的需求。但现在面临的困境是企业能够挑选的对象是"专业目录"框架下培养出来的"温室花朵",而培养高技能人才需要有营造"工匠精神"的专业设置。提高质量的过程就是持续改进、不断满足"顾客"需要的过程。要紧紧围绕职业教育中政府、企业行业、家长和学生这些"顾客"的需要,重视各专业设置与区域经济发展紧密衔接的程度,重视职业院校各专业结构布局与市场、产业需求的契合度,重视各专业设置与技能型人才"工匠精神"培养目标的关联程度,培养与产业转型升级相适应的高质量技能型人才。专业设置与市场紧密对接是职业教育与社会对技能型人才需求的桥梁和纽带,专业设置紧扣产业转型升级和经济社会发展需求,跟随市场需求的变化做出科学调整,是提高职业院校毕业生就业率的通行证,也是提升技能型人才"工匠精神"培养质量的保障,更是职业教育适应产业转型与升级的关键环节。

(3)加强师生成长实践与"工匠精神"培育密切互动

加大聘任具有企业背景的教师、招聘企业的工程技术人员、技师作为兼职教师,聘请那些在熟悉企业生产和管理过程的技术人员到职业院校兼职,可以提高具有"双师"素质教师的比例,改变教师整体知识与能力结构,切实加强"双师型"教师队伍建设。此外,在师资队伍建设中要吸纳能够彰显企业文化的兼职教师,在教学实践中融入职业精神,促进学生职业精神的培养。教师是教育的第一资源,把加强师资队伍建设摆在更加突出的优先发展战略地位,创新"双师型"培养模式,培养一批"教练型"、"双师双能"素养的教学名师,提升职业院校教师教学能力和实践指导能力,秉持职业精神和职业技能培养兼顾的理念,是供给侧改革背景下职业院校的必然选择。

2.企业行业提高技能型人才"工匠精神"的有效益培养

(1)推行企业文化熏陶与"工匠精神"实践教育相辅相成

企业的办学主体地位在传统的职业教育教学过程中落实得并不到位。在明确职业院校和企业双主体的基础上,如何在技能型人才培养的过程中发挥各自的优势。企业要建设支撑"工匠精神"的管理文化,让技能型人才不仅在学校中进行理论学习,还要在企业实体环境中亲身感受。比如,企业的管理文化就是要有自己的做事标准和行为方式。企业秉承精益求精、消费者至上的"工匠精神"文化价值理念,才有可能最大限度地提高企业生存的生命力,实现企业的核心价值和目标。企业的核心因素是人,企业文化中"工匠精神"的融入,有利于凝聚形成员工和企业共同的价值观,促进企业长久发展,也有利于技能型人才"工匠精神"的养成和职业生涯的发展。同时,企业需要转变之前追求短、平、快的生产方式,变革因追逐高额利益而生产质次价高的产品。对技能型人才"工匠精神"的培养不仅要在这种企业文化的氛围中熏陶,还要在现实情景中进行实践教育。

(2)落实产教融合与"工匠精神"养成教育有机融合

调动行业企业参与职业教育建设的积极性,推进产教融合指明了道路。而作为技能型人才培养主体的职业院校因缺乏真实的工作场景,需要通过校企合作和产教融合为学生提供技术技能训练的场所,由于职业院校和企业的成功合作能够实现互惠多赢。

因此,产教融合是培养高素质技能型人才的重要举措。对于企业而言,"工匠精神"中蕴含的严谨、用心干、用心经营的职业精神,正是企业人才招聘的时候所倚重的。在具体实施中要鼓励企业行业主动参与发展职业教育,与职业院校合作积极、对接有效、资源共用。产教融合是中国长期以来职业教育教学改革探索的具有职业教育特点的行之有效的人才培养模式,将职业教育与企业行业全面合作,将技能型人才"工匠精神"的培养过程融入到真实的生产和工作化环境中,不仅是培养学生技术技能、有效实现职业院校人才培养目标和企业需求对接的重要途径,也是通过实践育人培养技能型人才"工匠精神"的重要平台,同时更是实现教学过程与生产过程零距离从而提高技能型人才培养质量的突破点。产教深度融合,促进校企双方共赢,实现高质量技能型人才"工匠精神"的培养,是经济发展新业态下的要求。

(3)打造现代学徒制与"工匠精神"传承培育有效对接

目前我国职业教育机构与行业企业的合作在很大程度上仍然是行政主导,市场机制发挥的作用有限。为了使市场成为现代学徒制发展中资源配置的主要手段,有效的方式之一是通过市场手段实现职业培训供需双方的需求及资源配置。其次,学徒制的实现基础是资金支持。现在尚未有专项资金支持类似项目的开展,企业的招聘模式仍然停留在以人才市场为平台寻找可能的合适人选。因此解决此问题需要政府牵头成立专项资金,每年对试点院校拨款,给予试点院校政策倾斜的同时,要逐渐完善聘用体系,成立技工人才招聘市场,牵头企业进行尝试并且在此基础上将成功的范例进行改良与推广,逐步使其制度化、规范化。对于提供较多高质量实习岗位的企业,政府可以加强对其扶持力度,例如,对于具备一定实力、经过有关认证符合进入现代学徒制的企业,提升其企业形象和知名度;给予参与现代学徒制的企业相应的税费减免、财政补贴等经济回报;此外,从法律层面和操作层面保障参与现代学徒制学生的权益,逐渐使学生认可合作企业的发展前景,相信企业培训对提升学生职业能力具有关键性作用,当然参加企业职业培训的学徒应是符合企业人才资源需求、给企业带来生产性收益的高素质的技能型人才,在这理想的情况下从而增加企业的人力资源回报。所以应以激励机制为导向,增强当地政府、企业、学生的意愿。综上可知,应该以开放的态度鼓励多样化的现代学徒制探索尝试,形成具有中国特色的现代学徒制技能型人才培养模式。

3.国家重视技能型人才"工匠精神"的有效率培养

(1)崇尚"工匠精神"的社会氛围与中国制造文化土壤融合

"工匠精神"正是时代发展的产物。无论是农业文明、工业文明、商业文明,还是企业文明、产业文明、社会文明,亦或是现在提倡的生态文明,都离不开工匠。我们今天生活的稳定幸福的社会也是劳动创造的,而工匠就是劳动中勤勉不懈者。在中国人民流淌的血液中,"工匠精神"从未缺席。中国民族优秀的勤劳勇敢的文化传统,激励人们汲取精神力量。"工匠精神"深深地扎根于优秀的传统文化中,可以推进人的全面发展,推动我国经济转型升级。如果要形成崇尚"工匠精神"的社会氛围,将"工匠精神"融入社会的各行各业,成为社会发展的圭臬,需要及时转变教育理念,变革社会大众对职业教育的认知,需要整个社会大环境转变重学历轻技能的传统观念,需要全社会重视职业教育、重视技能型人才的培养,致力于提高职业教育技能型人才的培养质量,人们的传统观念才有可能逐渐得到转变。并且充分发挥和保持生产技术的创造积极性,才能推动中国制造业实现由"重量"迈向"重质"。这样,崇尚"工匠精神"社会氛围的形成,在中国制造文化土壤的扎根,两者相得益彰,相辅相成,从而大力弘扬和发展"工匠精神"。

(2)转变传统文化观念与国家战略转型紧密结合

不可否认的是,许多职业学校深陷生源不足的窘境,最主要的原因就是社会公众对职业教育的歧视,社会上招聘单位"唯学历论"的风气还很盛行。一些地方的学历歧视,职业高中毕业的学生不能升入本科等等。而在瑞士,学生从小就被灌输职业教育的理念。社会是人才培养的"后备力量",因此,这就需要全社会营造尊重技能型人才的社会氛围和价值观念,以转变人们认为职业教育相比于普通教育低人一等的传统观念。我们的中国工匠应该有作为中国工匠的这种荣誉感,社会需要基于技能型人才更多的尊重与重视。此外,还应扩宽人才评价渠道,克服唯学历论的倾向,提高技能型人才的社会地位,让技能型人才获得尊严和体面。从而积极引导社会教育观念的转变,营造一种重视技能、重视技工的良好环境和社会氛围。

(3)完善政策措施与技能型人才"工匠精神"培优提质精准匹配

"工匠精神"的培育提质,要从制度的根源上进行突破。完善技能型人才的管理、激励和评价制度,在全社会形成一种接受职业教育的学生与接受普通教育的学生同样待遇的舆论和氛围。以法律形式明确企业行业参与职业教育和培训,规定企业行业的职责,并通过相关措施提高其参与的积极性,注重对技能型人才实践能力的培养,真正培养出社会所需要的技能型人才。让职业院校根据社会需求、办学条件,通过自下而上的探索,探索出有自己特色的人才培养模式。同时,引进国外高素质技能型人才进入中国劳动力市场,学习其先进的技术经验,提高我国技能型人才的质量和数量。从政府高效供给出发,创设有利于技能型人才培养的制度环境,充分发挥国家政策的导向作用,让职业教育得到健康发展。此外,对于职业教育资金的投入程度关系着职业教育的发展。虽然中国也实施了免费职业教育的政策,但我们与发达国家教育经费的投入还是有一定差距的。因此,政府应进一步加大对职业教育经费的投入力度、合理划分各级政府对职业教育经费投入的比例、加大对职业院校学生的资助,从而建立稳定的财政保障机制,确保技能型人才培养所需要的基础和条件。[9]

四、不断完善人才培养目标

人才培养目标指的是高校依据一定的教育目的、社会需要和教育理念提出的关于人才培养的基本规格要求和质量标准。当前,我国正处在加快转变经济发展方式、推动产业转型升级的关键时期。制造业的转型升级、战略性新兴产业的振兴、现代服务业的发展以及对外贸易方式的转变都需要高校为经济转型升级提供高层次人才支撑。职业院校应与社会和时代变革相呼应,紧密对接地方经济和社会发展需求,通过深化产教融合、校企合作培养高级应用型专门人才。应用性、行业性和社会性是高级应用型专门人才的三大特点。应用型人才的培养的基本规格是"基础适度、口径适中、重视应用、强化素质"。即:适当淡化基础课和专业课的理论性,以行业而非专业为口径,强调实践能力,重视社交能力和个性特征的培养。

(一)总目标

高等职业教育的人才培养的总目标是在国家总的教育目的的基础上根据高等职业教育的特征制定的,是国家的教育方针、教育目的在高等职业教育活动的实践导向的应用能力系统化课程(国家层面)总目标培养在生产、建设、管理服务方向的全面发展的一线高级技术应用型人才(专业层面)基层目标(学校层面)分目标分层培养目标分类培养目标(学历层次—专科、本科、研究生)与(不同科类的学校具有不同的培养目标(职业资格等级—初级、中级、高级)—如交通运输、生化与药品等)课程的细化目标人才培养的规格目标、复合知识、综合能力、总体素质、基础知识、专业知识、相关知识、相关能力、核心能力、其他能力、职业素质、人文素质、身心素质、就业导向的职业能力系统化课程。具体体现,规定了高等职业教育的发展方向,体现其价值取向,发挥功能,指导着高等职业教育人才培养活动,以便实现教育目的。这一总的人才培养目标的制定与社会制度、历史背景、民族传统、教育思潮直接有联系,由国家以法律形式规定,或以政策形式规定。总目标具有高度概括性、方向性和指导性,是高等职业学校制定人才培养目标和具体的教育活动的依据。高等职业教育是高等教育的重要组成部分,要大力发展高等职业教育,培养一批具有必要的理论知识和较强实践能力,生产、建设、管理、服务第一线的高级专门人才。

(二)学校层面的人才培养目标

学校层次的高等职业教育人才培养目标与教育目的相比,是相对具体的。各类高等职业学院结合自己的性质、任务及特点,制订学校的培养目标。由于高等职业教育特定的职业性和为地方经济服务的特点就使各类高等职业学院在制订人才培养目标时必须要反映本地区经济和社会发展对人才培养的要求,不但要考虑达到所规定的目标的必要性,还要考虑达到所规定的目标的可行性。学校的人才培养目标可分为分层培养目标和分类培养目标。分层培养目标有两层含义:一是依据高等教育的学历层次性来确定的,即分为专科教育、本科教育和研究生教育的培养目标。就世界范围来说,例如美国就已出现了高等职业教育的本科层次和研究生层次的教育。而针对我国的现实情况,目前我国高等职业教育重点在专科层次。二是依据高等职业教育的人才培养的职业资格等级来确定。它是由政府指定的考核机构按照国家规定的职业技能和任职标准,对劳动者的技能水平或职业资格进行客观、公正、公平的评价和鉴定。

从世界各国的情况看,绝大多数国家都有自己的职业资格证书制度和就业准入制度。实行学历证书与资格证书并重是形成高职教育特色和提升学生就业竞争力的重要措施,也是国家规范、净化劳动力市场,增强企业和国家竞争力的重要步骤。而分科则是依据不同科类而言,不同科类是为不同的工作领域或行业培养专门人才的,由于学科性质与服务面向不同,都各有其特殊的培养目标。学校应当根据不同科类的特点,制订相应的培养目标。科类的划分可以按教育部制定的专业目录的分类,目前教育部制定和颁布了《普通高等学校高职高专教育指导性专业目录(试行)》,这在我国高校专科层次设置管理中还是第一次,填补了有关空白。所列专业是根据高职高专特点,以职业岗位群或行业为主兼顾学科分类的原则来划分的,具体来说《目录》分设农林牧渔、交通运输、生化与药品、资源开发与测绘、材料与能源、土建、水利、制造、电子信息、环保气象与安全、轻纺食品、财经、医药卫生、旅游、公共事业、文化教育、艺术设计传媒、公安、法律19个大类等,78个二级类,532种专业。

(三)专业层面的人才培养目标

专业人才培养目标既是分层培养目标的下位目标也是分类培养目标的下位目标,是高等职业教育人才培养目标体系中的基层目标,是根据国家教育方针和教育目标,以正确的教育思想和观念为指导,根据学校定位、专业的学科性、社会需求、毕业生走向等来确定。专业是人才培养的业务范围,是根据学科分类和社会职业分工的需要,在高等学校分门别类进行思想政治教育、相关学科专门知识传授、职业技能培养以及科学研究能力训练等教育教学活动,培养高级专门人才的基本单位。专业人才培养目标是指规定在一定的修业年限内,通过学校组织的各种教育与教学活动,对毕业生在德、智、体诸方面以及知识、能力、素质的规格与质量所提出的应当达到的标准。因高等职业教育是以某一职业岗位为依据,职业定向到具体的岗位,因此专业培养目标其实是针对职业而言的。高等职业学院要发展就要有不同于普通高等教育的特色,而有特色的高职院校,就在于有几个深具自身办学特色的专业。

4.专业层面下的人才规格的具体目标

各校制订的专业培养目标,应当是国家教育部制定的专业培养目标的细化、具体化。各专业的培养目标,必须对人才培养的三个方面进行恰当的定位。方向定位:包括政治方向、业务方向、服务方向等;类型定位:高级技术应用型;质量定位:德智体等方面全面发展。人才规格不同于人才培养目标,人才培养目标是人才培养的总方向和总原则,人才规格是目标的具体化。高等职业教育人才培养规格表明了人才培养在理论和实践能力等方面应达到的水平和标准,是社会相应职业岗位对人才在知识、能力和素质等方面的具体要求,因此本文就从知识、能力、素质的协调发展来设计人才培养的规格。

高等职业教育人才培养规格是由人才的职业定向规定的,是把上述人才培养目标对知识、能力、素质的概括性描述,分解为若干细化知识、能力和素质,说明要达到的基本要求。高等职业教育人才培养规格目标主要涵盖复合知识、综合能力和总体素质三要素。

(1)复合知识

复合知识包括基础知识、专业性知识、相关性知识。它们之间相互联系、相互作用,以及由此而发挥了整体功能:

①基础知识。主要指适应职业岗位所必需的前提性知识,它包括数学、语文、外语、计算机

知识等文化基础知识和现代科技知识。基础性知识既是求职谋生的文化基础,又是终身学习、转职转岗、创业立业的前提条件。

②专业知识。主要是指适应职业岗位所必需的本专业的常规技术知识和最新科技知识。就高等职业教育人才培养规格而言,专业性知识分基础层次、中间层次和最高层次三个层次。基础层次主要指作为高职院校学习应具备的车、钳等方面的知识;中间层次主要指作为就业与创业所需要的专业性知识;最高层次主要指创业所需要的复合性知识和最新技术知识,如学习机械专业的应掌握一定的电子电器方面知识,形成机械知识、电子技术知识、计算机知识复合与交叉。

③其他知识。主要指转岗转业所需要的,适应科学技术进步、产业结构调整、技术结构提升所需的相关的专业知识、行业知识、产业知识。如适应 WTO 所需的商贸知识、法律法规知识和现代管理知识等。概言之,复合知识是以专业知识为核心,以基础知识和其他知识为两翼,形成协调优化的、均衡发展的、高度开放的知识结构体系。其中,基础知识要过硬,打好立足基础;专业知识要专精,突出一技之长;其他知识要宽厚,突出一专多能,使学生既成为专职专业的行家,又成为相关职业的多面手。

(2)综合能力

高等职业教育是职业教育,具有明显的职业岗位性,它所要求的职业能力是指履行岗位职责的动手能力,是任职顶岗所直接需要的实用性职业技能和专业技能,所以其综合能力不是孤立存在的,是以知识的掌握程度为基础的,包括有三种能力:

①核心能力。包括接受新技术能力、决策能力、管理能力、认知能力和语言能力等。这些能力相互影响,其交集能力越多,则核心能力越强,自然而然可以形成具有综合优势的竞争力,从而体现技术应用型人才和高技能型人才的鲜明特色。

②相关能力。如敬业能力、合作能力、交流能力、创业能力、信息处理与加工能力等。这些能力是巩固和强化核心能力,加强核心能力的基础,对提高技术应用型人才和高技能型人才的综合素质都将产生积极的作用。

③其他能力。主要包括自学能力、发展能力、自我推销能力和社交能力等。这是构成技术应用型人才和高技能型人才综合能力结构的基础,是开发、提升核心能力和相关能力的营养源。

总之,综合能力是要以实用为主,突出操作性、应用性的实践能力,加强技能训练,注重实际能力培养,并提高学生的智能和创新能力,鼓励个性自由发展。

(3)总体素质

素质是高等职业教育人才培养规格的重要内容。高职学生的素质结构根据培养目标特点可以分为职业素质、人文素质、身心素质。职业素质包括思想品德与职业道德、安全与质量意识、竞争与创新意识以及团队精神等;身心素质是指身体素质和心理素质。

所谓的总体素质是指以完善人格,促进人的"自我实现",全面发展,提高人的总体素质为主要目标的。理想的总体素质的培养,以思想、理想、品德和情操为基本框架,也同样是人的全面素质中的灵魂。

①职业素质。职业素质包括思想品德与职业道德、安全与质量意识、竞争与创新意识以及

团队精神等,而且更应强调独立、创新、敬业、诚实等精神,这是一个人应对各种挑战和机遇、创业立业、待人处世的基本素质,在高等职业教育人才培养规格中,必须得到足够的重视和充分的体现。

②人文素质。人文素质是指人们在人文方面所具有的综合品质或达到的发展程度。现代的"人文主义",强调的是注重人的精神追求的理想主义或浪漫主义,"人文"重点在如何去做人。

人文素质包括4个方面的内容:a.具备人文知识。如历史知识、文学知识、政治知识、法律知识、艺术知识、哲学知识、宗教知识、道德知识、语言知识等。b.理解人文思想。人文思想是有很强的民族色彩、个性色彩和鲜明的意识形态特征。人文思想的核心是基本的文化理念。c.掌握人文方法。学会用人文的方法思考和解决问题,是人文素质的一个重要方面。d.遵循人文精神。人文精神是人文思想、人文方法产生的世界观、价值观基础,是最基本、最重要的人文思想、人文方法。人文精神是人类文化或文明的真谛所在,民族精神、时代精神从根本上说都是人文精神的具体表现。

③身心素质。身心素质是指身体素质和心理素质。高职学生大部分要走上生产第一线,所从事的是脏、乱、差、累的活,竞争的程度与劳动的强度较大,没有健康的体魄和良好的心理承受能力就难以完成工作任务。

5.专业层面下的课程的细化目标

当前我国高职课程中,学科本位的思想在课程中的表现仍根深蒂固,能力本位的课程模式基本还停留在概念层面,主要表现在教育领导部门、办学机构的各类文件中仍大量使用诸如"基础课、专业基础课"等学科本位课程中经常使用,而能力本位课程中不存在的概念;在专业培养计划中仍沿用学科本位的课程体系和课程形式;在直接面对学生的科目课程中,从教学内容到方法手段几乎没有向能力本位转换。

根据高职的培养目标,在进行高职各专业的课程设置时,要注意产与学的结合,要立足"能力本位",以实训教学为重点,以职业能力的培养为根本目的,先确定职业技术课和职业实训课的基本体系,然后再确定公共基础课、职业基础课和其他辅助课程,以体现高职教育的办学特色。应该说明的是,由于高职专业繁多,且各地的实际情况又千差万别(经济、社会、自然条件、人文环境等),因此,各高校在构建高职课程体系模块时没有必要机械地按照统一的、固定的模式进行,要体现多样性,要有利于培养目标的实现。课程设计应按照岗位、职业所需的能力为中心展开,通过对工作岗位的分析,确定所需的能力或能力体系,然后有针对性地来确定相应的课程体系。在课程结构中保证实践教学的比例,并把实践教学真正落到实处而不流于形式。实习和实训应该结合农业生产进行安排,特别是专业技术训练,上岗前的实践训练(毕业实习),应通过校企联合办学(产学结合)模式来解决。课程设置,根据我国有些职业院校的成功经验,可采用四大模块,即公共课、专业理论课、技能课和选修课;也可采用公共基础课、职业基础课、职业技术课、职业实训课和选修课五大块。

(1)对于公共课,应立足于为技能教学服务,以实际应用为目的,理论知识以"必需、够用"为度,不要盲目追求理论知识的系统与完整性。比如,对于思想道德修养、法律基础、数学、物理、化学等一类课程,要进行重组,进行必要的整合。

(2)对于专业理论课的安排要敢于打破本、专科原有体系,要从实用性出发,便于产与学的结合和现场教学的实施,而且在课程内容的选编上,要把能反映最新成果、最有助于提高学生解决实际问题能力的课程内容重点予以安排。

(3)把实践教学列入教学计划并建立实践课程体系,为了确保实践教学方案的实施,在各专业教学计划中,要努力突破单纯以理论构筑教学计划的模式,探索建立实践教学的完整体系。分学期明确实践教学项目,要采取由简到繁、由易到难的办法,根据职业岗位的需要来开设。要做到产与学的相互促进,使学生在接受技能训练时,训练内容要环环相扣,层层推进,固定专任教师,选编专门教材,逐步深化实践性课程的教学。

(4)对选修课的安排,主要是要拓宽学生视野、丰富他们的知识,尤其是选修课程的设置要力求新颖、实用,杜绝内容上的相互交叉与重复。而且由于高职学习时间短且注重技能教学,所以对于高职专业要开设的人文社科和自然科学课程一定要注意整合。高职教育就是就业教育,以就业为导向的高职课程的开发成为核心任务。而解决这一问题的根本途径是面向行业设置专业,以培养技术应用性人才为目的,真正做到以能力为本位开发专业课程,以增强应用能力为核心,以就业导向的职业能力系统化课程设置,从而保证高等职业教育人才培养目标的实现。[10]

五、加强"双师型"队伍建设

根据目前我国高职院校师资队伍结构现状,在加强双师型队伍建设过程中应该循序渐进,切不可操之过急。同时,必须协调好各方关系,集中力量,将当地政府、企业以及高职院校力量参与其中,优化教师队伍建设体制。具体体现在以下几个方面:第一,落实相关配套政策,建立校企合作机制。当地政府部门必须认识到高职院校双师型队伍建设重要性,意识到高职院校在促进地方产业升级中具有重要的作用,能够为地方经济提供技术支持。而高职院校发展也离不开地方政府政策扶持,提出相关的优惠政策,调动地方企业积极性,结合自身情况,强化校企合作模式创新。高职院校在建设双师型教师队伍过程中,必须明确各方在此过程中的责任,同时发挥校企合作模式优势,实现资源共享,开展更加贴切的合作项目,促进双师型教师能力素养。

(一)发挥双师型队伍建设人才协同优势

1.制定对"双师型"教师的认定标准

为了避免唯"证书"、唯"职称"现象的出现,职业院校首先要对"双师型"教师进行重新认定。按照国家新公布的职业资格证标准进行审核,作为"双师型"教师的客观依据之一,无论学历高低,要想成为"双师型"教师,在拥有教师资格证书的基础上必须拥有与所施教专业相同或相近的规范的职业资格证,而且社会公认度越高,就越优先培养和评选,实现由"双证书"向"双素质"的转变。为了避免新的唯"证书"论,职业院校应制定科学的考核制度和标准,成立由学校领导层、教务处、科研处、资深教师等组成考核小组,对那些申请"双师型"教师的人员进行考核,符合标准的则予以评选,否则淘汰。为了避免有的教师评选后停滞不前,学校应当设定三年或者五年的时限,年满后重新评定,这样就会给已选定的"双师型"教师以压力,但同样给全体教师以机会。

2.完善"双师型"教师的评审程序

"双师型"师资是一个特殊的教师队伍,目前,高职双师建设应当积极吸取各国先进的建设经验,根据我国高职院校的实际状况,创设符合高职教育需求的评审机制。具体而言,应当根据国家有关部门的标准,结合高职教育的实际,执行严格的理论考试和实践操作考试,改变传统的双师建设重理论、轻实践,重学历、轻技能的弊端。高职院校应当转变目光,不要将被考察人员的科研论文发表数量置于无法取代的地位,要综合考察"双师型"教师的科研水平、对教学规律的把握、专业实践操作能力等因素,进行客观的评审。同时,高职院校可以派遣高职院校相关机构的人员到合作企业考察,筛选出一些掌握高水平操作技能的人才,对于一些富有教育潜能的人员进行培训,帮助其通过教师资格考试,助力其进行双师规划,将其作为高职"双师型"教师的重点培训对象,进而有效提升高职院校双师建设的水平。

具体来说,在教师选聘过程中,可以从具有企业实践经验的人员中选择,让其进入高职院校中做兼职教师;同时,还可以利用校企合作优势,选派教师进驻企业中访问,学习专业知识。在高职院校与合作企业之间相互合作,实现人才的相互流动,不仅为企业充实更多鲜活的力量,同时也能为高职院校培养更多具备专业实践能力的教师。而具体实现中,体现在:第一,与企业建立更加稳定的合作模式。在高职院校中,需要建立专门与企业对接的机构,负责与合作企业之间的联系,并开发新的合作企业,以便于能够为学校双师型教师队伍建设提供便利。当然,对于条件允许的高职院校,还可以设立校董会,邀请行业协会领导、企业负责人担任荣誉校董,更加拉近与合作企业、行业协会之间的联系,在校企合作过程中发挥桥梁的作用。第二,采用双职双岗模式。这种模式主要指的是高职教师不仅能够在学校承担教师职务,同时还可以在企业任职,充当技术人员;而与之合作企业中员工,不仅能够在企业任职,也同样能够在高职院校中兼职教师,充分发挥企业与高职院校中人才优势。在这种模式中,高校选派优秀的青年教师进入企业学习,而企业也选派技术人员进入学校为学生进行实习指导,或者开展专业讲座,这对于双师型教师队伍建设具有重要作用。第三,在现代化发展中,可以充分利用科学技术,为双方合作拓展空间。为了强化双方沟通,可以利用互联网优势,利用视频多媒体工具,在学校、企业中设置双方联系的教室、车间,消除时间与空间的限制,实现双方互补。[11]

3.要加强"双师型"人才的引进

职业院校在人才引进方面不能向科研教学型高校看齐,要有自己的准入标准,建立自己的准入制度。除了正常的学历和专业要求外,要有与从教相同的职业证书和职称,有一定的教学经验和企业实践经历,同时要参考其教学成果和企业的业绩,经过考核后确认是否符合"双师型"人才的标准。对于特殊的人才,需经过学校考核小组考核合格后也可引入,实现人才多元化。

4.完善"双师型"教师培养机制

对于"双师型"教师的培训,需要学校为其提供培训渠道,在完善的培训基础设施下提高教师自身的素质能力水平,从而提高高职院校中"双师型"教师队伍建设的水平。"双师型"师资队伍建设要着眼于立德树人、教书育人,通过开展校企合作等形式,明确需求、确定目标、完善内容、组织实施、加强考核,采取请进专业技术人才和选派教师实地挂职锻炼相结合的方式,加强"双师型"教师的培养。同时要加强理论,在避免重理论轻实践的同时,也要防止重实践轻理论的倾向。要加强职业道德培训,德是做人、为人师表的第一要求,要认真对待,在避免出现教学职业中不恰当言行的同时,在潜意识中提高教师的责任心和教学质量。

5.加强对高职教师队伍的管理

高职院校应当根据人才培养的目标,建设更加完善的教师人才引进机制,同时,高职院校要抓住人才培养的优惠政策机遇,比如说重点人才引进工作、特殊人才、紧缺人才引进政策等,促进高职"双师型"队伍建设。高职院校还可以根据各专业的课程安排和授课需求,制定兼职教师的引进规范,构建合理的兼职教师聘用机制,使高职院校和企业之间能够形成双向互动的专业带头人工作机制。通过兼职带头人和企业专业带头人的相互配合,可以提升高职教师的实践操作水平,能够在更大程度上获得学生认可。此外,高职院校应当构建完善的专兼结合机制,促进"双师型"队伍组成的合理性,高职院校要充分发挥专业建设、课程建设的主线作用,在"双师型"队伍建设的过程中形成责任分工,促进教师和企业密切关联的专兼结合教学队伍。[12]

6.完善高职"双师型"教师的考核激励制度

一方面,必须制定较为硬性的措施,通过有效的督促,明确高职院校教师岗位评定标准、年度考核标准等,同时明确教师职务晋升需要具备的相关条件;另一方面,做好软性激励,包括对教师的物质激励、精神激励,做好对教师的关怀。根据相关考核工作,按时为专任教师发放津贴,对于在企业兼任的教师,更需要根据挂职期间的种种表现,给予及时的奖励,还可以设置特供奖等奖项,提升教师工作积极性。同时,更需要不断提升教师待遇,为其建造更加友善、良好的工作环境,将教师晋升与其专业水平、教学绩效等挂钩,通过有效激励,让职业院校教师都能够积极参与到双师型教师队伍建设当中。[13]具体而言:

第一,高职院校应当抛弃传统的教师评价考核制度,根据专业情形制定"双师型"教师的考核、奖励制度。首先,职业院校要对"双师型"教师进行核定并区分等级,除了提供优厚待遇外还要体现待遇差别,对那些特别优秀的教师进行额外奖励。其次,奖励的标准要在参考自身水平、能力的基础上与教育效果相结合,内容要有教师教育科研表现、学生教育的合格率、优秀率及人数,学生就业后企业对学生的评价等,全面进行衡量并对量化考核的结果公示以保公平,这样有利于教师的成长,在心理上也不容易跳槽。最后,制定制度保证"双师型"教师的成长及公平竞争机制,对人才流动也要有一个客观认识,只要有利于学校的发展和教育质量的提高,适当的人才流动也是学校自信和人才成长的重要表现。

第二,政府及高职院校应当认识到职称评审的导向性,改革职位晋升、绩效考核的标准,促使专业教师主动朝着"双师型"教师的方向努力。具体来讲,政府可以通过公开政策引导,促使高职院校将"双师型"师资建设和教师的绩效考核及职位晋升挂钩,打破传统职称评审对学术研究及学历背景的过度依赖。再者,要提高"双师型"教师的收入,在"双师型"教师的工资津贴、奖金补助等层面优化其待遇,自发促进高职教师向"双师型"教师转型,在高职院校现存的师资结构基础上不断提高"双师型"教师的比例。[14]

第三,从细节考察,完善高职"双师型"教师队伍的考核激励机制,要推动符合高职教育的教师资格标准和专业技术职称的评判方法确立,要积极探索在高职院校中设置不同级别的教师职称。此外,关于高职教师的考核、晋升制度的完善,要从用人标准、绩效表现、素质提升等方面入手,国家政府部门应当给予一定的政策和资金帮扶,为"双师型"教师建设设置专项资金,为"双师型"教师的培训提供资金和政策支撑。

职业院校要想增强学生的就业竞争力、增加学校的知名度,就要根据社会的需要培养与之相适应的人才,科学合理的"双师型"教师队伍则能满足这一要求。职业院校必须从政府政策、社会环境、教育发展需求等出发,通过科学规划和正确利用各种政策,不断加强"双师型"教师队伍的建设,在提升学校教学质量的同时促进职业院校的发展。

（二）做好校企合作项目协同工作

高职院校双师型教师队伍建设中,必须结合当地实际经济发展、企业类型等,对各时期产业转型升级战略有详细了解,合理选择校企合作项目,并将人才培养理念运用到项目中,促进人资资源建设发展。实现校企间人才协同的途径有两种:其一是高职院校积极引进合作企业的技术人才作为高职院校的专职教师;其二是高职院校和企业协调,选调一些合适的教师融入企业内部岗位。二者之间的人员流动,对于高职"双师型"师资队伍建设具有促进作用,因此,校企合作共建双师队伍模式下,应当密切二者关系,促进双方人员流动。具体而言,应当从以下几个方面加以努力:

1.应当加强校企间的关联,建立合作机制

高职院校应当建立专门的组织,注重加强和合作企业的日常联系,密切合作关系,为高职院校的"双师型"队伍建设奠定坚实的基础。同时,有条件的高职院校还可以组建校董会,邀请合作企业的骨干领袖加入,搭建校企联系的新平台,实现校企之间的长期联系和合作。

2.充分利用信息技术,拓展建设的空间

互联网背景下,通过运用一些通讯工具、新型软件,能够打破学校和企业、教师和学生、课堂和厂房之间的时空限制。

第一,高职院校和企业之间各自具有独特的优势和资源,高职院校拥有先进的科研设施及教学队伍,企业拥有前沿的专业技术及实践性人才。如果能够加强高职院校和企业之间的合作,充分发挥彼此的优势,共建双师培训基地,那么,不仅能够为高职教师和企业骨干人才之间的交流搭建平台,促进双方的共同学习、进步,还能够促进岗位转换,为高职教师创造机会投身企业,学习技术管理操作,使企业专业人员扎根高职院校的教育工作,传播前沿技术,进而实现二者的优势互补。

第二,校企双方可以顺应地方产业升级的趋势,设立校企合作项目,并以此为媒介,高职院校更新运行理念,深入融合于应用人才的培养实践,促进高职教学和企业运营的无缝衔接。同时,应用互联网的技术优势,构建校企合作共建的双师培训基地,鼓励高职教师积极参与其中,提高实践技能。

第三,高职院校和企业合作下的"双师型"教师培训平台,必须坚持产学研相结合的发展道路,建立高职院校和企业合作的长期有效机制。学校应当组织教师深入企业实践,将理论知识和实践操作相结合,促进理论知识与实践创新的相互转化,解决企业经营问题,创造附加经济效益。这种产学研相结合的双师建设模式,能够提高"双师型"教师的实践应用能力,在促进企业发展的同时,向企业输送大批高素质的高职教育人才,促进高职教育就业水平的提升。

3.加大双向兼职的力度,构建双职双岗的人才格局

具体来讲,双师建设应当打破传统观念的限制,无论是高职院校的教师,还是合作企业中的一些骨干精英,都可以创造固守职业之外的岗位价值,高校教师可以扎根企业,企业精英也可以以高职教师的身份投身于教育。同时,高职院校可借助持有的科研成果和知识信息,组织高职教师到企业内部进行知识信息的宣讲、普及与交流,合作企业也能让内部人员走进高职院校举行座谈会,或者是在实践周给予学生实践操作指导,这种校企间的良性互动对"双师型"师资队伍建设具有重要意义。

六、完善社会考生招生制度

学校应严格落实招生计划,综合考虑生源情况。一是优先考虑设置适合扩招群体人员特点的专业,并做好分专业招生计划安排。二是吸引退役军人、农民工、下岗工人、高素质农民等人群和基层在岗群体报考,接受符合条件的灵活就业人员报考。职业教育是以地方经济为依托以市场需求为导向、以技能型人才为目标的培养模式。高职教育作为职业教育的高深层次,在时代浪潮召唤下,人才输出正是它壮大自身的关键。我国实行多元化考试招生制度的改革与探索,正是希望把好入口这一大关,从而在人才评价上选拔出最适合进入高职学习的学生,为我国培养高级技术人才奠定基础,同时也为人才合理的分流进行一次有效的划分,这对于我国走自己特色的高职教育发展之路具有重要的意义。

针对当前我国高职教育多元化所面临的困境,结合我国的实际国情并从国外先进经验中获得启示,以多元智能作为理论支撑,对完善多元考试招生制度提出切实可行的对策和建议。积极营造"尚技重职"的社会环境"崇尚技能、重视职教"的良好社会环境是推动高职考试招生制度改革、建立现代职业教育体系的社会心理基础。多元化考试招生制度的诞生,打破了统一高考制度对高职升学渠道的垄断,为高职应用技术型人才培养目标的实现提供可能。社会作为人才的聚集地,教育的风向往往取决于社会的"作为"。现阶段趁着多元化的这股"清风",社会应"大有所为",才能"大有所获",从而确保高等职业教育的进一步发展。

(一)转变观念,积极引导人们向正确的方向发展

首先,就国家和社会而言,要高度重视高职教育的发展,将高职教育放置与本科教育的同等地位。它是满足一部分学生"有学上"的重要途径,同时在与市场衔接方面具有更强的契合度,是综合考查学生发展的教育。在大众媒体宣传高职时,要客观公正,以市场需求与社会发展为中心,重点突出高职教育为经济做出的突出贡献。要正确引导社会舆论导向,将高职从一种"敬而远之"转向"热情参与"。就学生家长而言,要更正高职是被迫"无奈"教育选择的错误观念。

在认识层面上,通过开设咨询机构,让家长与学生了解高职是培养高技能人才的教育;在选择层面上,通过对社会的调研、与学生的沟通,让家长认识到高考文化成绩差的孩子,在其他智能方面还有发展的空间。通过摆事实,列数据,用较高的就业率来赢得家长与学生的信任。不定时举行高职教育的宣讲会,诚邀家长参加,让优秀毕业生代表发言,用自身经历来解读高职真正的培养方向,让分值比拼、高考失利的负面情绪得到缓解,为孩子重新规划自己的职业生涯提供平台。就用人单位而言,要以企业与市场需求为依托,切忌盲目追求高门槛,而造成人才结构失衡,岗位空缺。在聘用标准上,应适当放宽对学历的要求,重能力而不是对学历的考核。在福利待遇上,应提升高职毕业生的福利待遇,让其享受应有的劳动报酬,而不是级别差异。在职业名称上,应给予准确定义,并合理划分职业群多方参与,强化职能瑞士的职业教育在国家拥有绝对的地位,民众的大力支持、社会的多方参与是其成功的关键。瑞士"三元制"的职业教育体系下,培训中心的介入为职业教育的加速发展提供技能的培训与入门指导。

因此,在培育"尚技重职"的社会环境中,我国必须从瑞士的第三学习地点汲取经验,从而来强化职能意识。现在,我国实行多元化考试招生制度,重点是对"知识+技能"的考核,其中职业技术能力考核占据重要的成分,一些学生因为接触的是三年系统的文化知识学习,在技能操作上是"零基础"。

其次,要搭建培训中心与院校之间合作的桥梁。培训中心作为技能培训的基地,可以给学生技术能力的提升提供实践的空间,而且长时间处于学校狭隘的空间也不利于学生技能的展示与经验的交流。在培训中心,学生可以得到技术上的指导与训练。最后,社会多开展职业技能比赛。通过激励手段来吸引学生,让学生在观摩之中来培养兴趣,从而更好地做出职业选择。此外,职业技能大赛的大力举办,也扩大了学校的影响力,提升高职的吸引力。在举办之中,校企合作,在一定环境下也搭建了技能展示的平台。所以,利用比赛既可以检验职业技能掌握的程度,为学生进入市场或更高的职业深造打好坚实的基础,又可以为高职教育提供更多发展的可能。多元宣传,真实高效招生宣传是通过一种显性手段来让学生做到对职业需求的提前规划,对知识学习的充分了解。所以,在宣传渠道方面,要充分利用网络、报纸、电视、电台等大众传媒来扩大辐射面及影响力,在宣传内容方面,要具有针对性,及时与生源地及生源校进行信息的交换与沟通,提高宣传的实效性;在宣传方法方面,要具有明确性。当前,社会、院校对多元化考试招生制度处于模糊状态,人们对职业教育还存有偏见,因此,在宣传中要注意特色的突出,全方位给予指导。在宣传时,既要有正面的典型案例,增强学生的报考信心与决心,也要正视负面案例的宣传,防止以假乱真,丧失学校诚信力。在宣传路径方面,积极搭建社、企、校三方互通的信息咨询平台,为高职教育的发展提供全面的信息咨询,扭转人们重文轻职的偏见。

(二)努力创建科学合理的制度环境

制度的实施与推广不是一朝一夕的,科学合理的制度组织结构才是多元化得以实现的保证。所以,要加强顶层设计,突出职业教育的职业性,确保各项制度供给与多元化考试招生的配合。完善技能考试内容和评价标准技能考试内容具有强烈的专业性。所以多元化考试招生制度在进行内容的设计时必须增加技能知识的科学性与可操作性。

首先,在命题内容上,要有专门的命题中心,针对不同专业类别需求进行内容制定,避免追求规模效益而导致人才评价工具的虚设。在命题标准上,要适当增加难度,细化评分标准,做到公平公正选拔,减少因专业差异而导致的评分误差。在监考人员选择上,要注意监考前的培训,尽量从熟悉流程、规章制度,并且声誉较好、品格高尚的老师中挑选。

其次,要增加校企合作,实现资源共享。从企业的先进人才中选拔技能知识、技术操作过硬的专家来参与考试内容的编写突出技能的专业程度与前沿发展,聘请企业管理者、工程师来进行技能操作的考查。

最后,要搭建强有力的技能实训基地,为学生提供操作平台,增强考试的公开性,保证操作过程的公正性。加强多元考招的差异化改革高职院校的发展规模速度是有差异的,而且每个院校在制度供给方面也不尽相同,所以多元化的推广必须因地制宜,因校而有所区别。另外,每种招生方式的特色不一,不能为改革而改革,必须根据学校自身力量来确定考招方式。例如在对口招生这一方式上,就要在专业领域设有明显区分,不能一视同仁,忽略自身专业需求;在单独招生这种方式上,必须以严格的考招程序实施,重点以考查学生的综合素质为主;在技能高考这一模式上,必须强调技能的熟练、理论与实践的结合以及专业知识的稳固;在新增的注册入学上,必须秉承"宽进严出"的原则,提升入学标准,重点以学生的实际职业倾向为重。所以,多元考招必须有所区分,才能实现多元选拔人才的可能性,进一步实现多元智能的开发。改变录取机制,增加考试次数传统的高职录取模式多是先本后专,录取时间滞后。当前虽然开始实施多元录取机制。综合评价模式,但是其成效不显著。所以要真正实现多元理念。一是要适当增加中职生的比例,减少高考生在高职院校的生源比例,二是适当增加学生的自主选择权,高职院校的报考次数,尝试一年三次,增加学生入学机会;三是构建网络一体化模式,申请—报考——录取直线型路径,节省学生时间,避免因繁琐程序而带来的生源流失与信息滞后;四是取消平行志愿,学生可根据专业设置来进行院校报考,做到因材招考而不是盲目的扩充规模;五是加大"一档多投,双向互动选择"的报考模式,实现院校与学生的双向信息交流,满足自主选择的需求。

(三)有效激发高职院校的创新活力

生源是学校发展的源泉,一所学校的成功也往往取决于生源质量。多元化考试招生制度的实施主体在于学校,学校只有有能力应变多元的可能,这一制度才可以确立并发展。所以,高职院校必须要激发创新活力。准确定位,特色办学"没有特色,就没有高水平"。鲜明的办学特色是高职发展的指南针。当前多元化考试招生制度缺乏推行的力量,所以作为实施主体,院校要做到:一是在专业设置方面,要及时更新,与时俱进,积极开发新专业,同时也要兼顾都"旧"专业的创新,从而来获取吸引学生的资本;二是要提升师资队伍力量,积极引进优秀人才。三是搭建校、企、社之间合作的桥梁,从学校来看,其具有智力、科研和人才造就的优势;从企业来看,具有资金、设备和基地训练的优势;就社会而言,其具有人力资源等优势。当三者达成共识,可以达到互利共赢的局面。而且社会参与,为学生提供职前培训,企业加入为学生提供就业平台,可以提升高职吸引力,增加多元实施的推动力。四是创新思路,打破原有的管理模式,与家长共同治校,让家长参与职业前沿讲座,了解高职未来前景,进行实地观摩,并进行家长模拟考试,切身体会高职的考招模式。优化资源配置,响应改革号召多元化考试招生制度调动的是多方资源的协调运用,如果资源配置不合理,改革也只是表面上的响应,做不到真正意义上的改变。所以院校在创新之余,要做到:一是招生对象要从教育的本质出发,高职的培养目标在于多样化人才的实现,因此,要注重生源与学校发展的契合度,从人才培养需求出发,避免资源分配失衡。二是院校在政策解读方面,要多进行同类院校的学习比较,在条件均等的情况下,积极挖掘自身特色,充分利用有限资源,从而来实现效益最大化。三是简化行政职权,让校长、教师、学生共管治校,多方参与评建工作,避免因过多的人力资源干预而导致工作效能的低下。高职教育是技能型人才培养的摇篮。多元化考试招生制度一方面为高职的入学渠道拓宽道路,另一方面又为人力资源强国的到来储备力量,它是准确定位高职的有效手段。所以必须结合多方力量互助合作形成强大的合力才能促进高职平稳、健康、快速发展。[15]

七、为企业开展培训科研服务

高职教育中的科研服务职能使高职教育将先进的科学技术向社会传播并且得到推广,这是高等职业教育社会服务的具体职能之一。高等职业教育中的科研队伍通过其研究成果,包括各专业的应用技术向社会传播,提高了全社会的劳动者的素质。除此之外,高职教育运用已有的先进的科学生产技术为社会的企业解决技术难题,提供技术服务,促进企业生产效率的提高,达到服务社会的目的。职业技术培训与服务。高职教育与社会连结起来,以社会经济发展来创新教育体制是其生存和发展下去的必由之路。其中高等职教育要根据社会经济发展变化适时变化。如社会经济发展中出现的就业、转岗和下岗再就业的需要,高职教育应该加强技术培训,以此来提高劳动者的素质。高职教育也可以通过学生的社会实践活动、志愿者服务向城市社区提供技术服务。因此,职业技术的培训与服务也是高职教育的重要的具体职能之一。

(一)高等职业教育实现社会服务的路径

1.改革职业院校的教育体制,为创新职业教育实现社会服务提供契机。

"有效地服务地方经济社会发展是高职院校的内在要求,"各个院校通过各种方式和途径实现社会服务的职能,但是创新社会服务路径的前提是职业院校根据高等教育发展规律和社会经济、文化建设的需求及时改革校内的教育体制,为创新职业教育实现社会服务提供契机。第一,高职院校应该创建与社会互动的人才培养模式。所谓高职院校与社会互动是指高校根据社会经济发展对人才的需求来确定开设职业实用性课程,有意识地培养社会需求的人才,使学生学习与就业结合起来。尤其是许多对社会生产技术水平、设备要求较高的行业,如飞机制造、精密仪器、电子技术、机械加工等。职业教育应该根据市场需求,及时调整课程设置,开展与之相适应的门类较为齐全的课程,以培养高水平的专业技术人才,达到社会服务的目的。第二,将社会服务的理念融入校园文化之中,营造职业教育为社会服务的氛围。校园文化是学校发展的灵魂,培养积极健康向上的校园文化是高校建设发展主要任务。要将开放性的社会服务理念融入校园文化之中,通过校园文化的导向作用促进社会服务职能的实现。首先,高职院校要通过各种方式,尤其是社会实践,培养学生为社会服务的意识。其次,学校可根据社会需求不断调整教育的发展路径,在领导、老师、学生中广泛宣传教育为社会服务的思想。如主动承担一些社会公益性职能技能培训项目,将许多生产技术能力较强的师资和实践技术应用型人才推向企业,让他们浸润企业文化,以此来影响高校文化,在文化双向流动中培养高校文化开放性的社会服务的性格。把社会服务理念融入的校园文化必将促进适应社会需求的高技能应用型人才的培养,为高职院校创新社会服务的路径创造了文化氛围。

2.高等职业教育依托社区学院,向社区提供完备的职业教育。

社区是城市的重要组成单元,社区职业教育应该依托社区学院为社区提供服务的职能教育,从而实现高等职业教育为社会服务的职能。现代城市社区教育发展,社区学院作为异军突起,社区学院优先向社会开放,为社区居民提供教育教学资源。社区学院向社会提供职业教育有三种途径。第一,创建社区学院图书馆,培养社区居民的终身教育意识。社区图书馆是"普及科学文化知识和提高全民素质的最有效途径之一,是进行终身教育的物质保证"。目前大多数社区学院由于资金缺乏,不能建立图书馆,基本依靠电大教育资源,社区教育涉及职业教育、继续教育等各个教育领域,职业教育内容必须借助图书馆才能找到相关信息资源。因此,社区学院要发挥职业教育的社会服务职能,所以首先要建立社区学院图书馆。第二,社区学院要与社区高校实现教育教学资源方面的共享。社区学院在职业教育方面特色鲜明,可充分利用社区内的高校教育教学方面的资源加强职业教育的功能,如社区学院与高校师资共享,社区学院可与社区高校建立合作关系,以高校的师资指导社区教学,支援社区教育,促进社区学院教育的发展。第三,以学习型社区学院为办学指导,根据社区教育的广泛性、多样性特点来创建全民职业教育机构。社区学院可以利用自身资源,满足社区职业教育的多样化需求,以学习型社区学院为指导,整合教育资源,创建专业型职能教育培训机构,利用自身的专业技术优势创建各种职业技能培训班、兴趣班、娱乐班等。通过这些专业技术培训,拓展社区的就业渠道,解决社区学院专业人才缺乏的现状。

3.高等职能院校通过校外社会实践基地,承担社会服务的职能。

高等职业院校承担着职业教育的主要任务,高等职业院校与其他高校一样应该坚持教学、教研、社会实践三结合的原则,通过各种方式实现社会服务的职能。第一,高等职业院校与校外建立社会实践基地。高职院校可以依托社区,整合利用各类社区职业教育资源,由学校与社区共同投资,建立大学生社区社会实践基地,这样不但培养了大学生的社会实践能力,而且还承担了社区职业教育的部分职能。如高校在社区建立了志愿者服务基地、职业技能培训基地等校外社会实践基地,发挥高职教育的教育功能,分担社区的职业教育职能。第二,高等职业院校与企业建立校企战略联盟。校企联盟是高校战备联盟的常见形式。高等职业院校与企业建立战略联盟主要依靠知识与技术,它的主要优势也是知识与技术的联盟。高职院校可以和企业实现在知识和技术的共享,相互学习与借鉴。高校所拥有的图书资源及其他教育资源可以为企业员工提供学习理论知识的条件,企业也可以为学生提供实践操作基地。此外,高职院校可以承担企业的技术攻关难题,企业可提供高校的实训基地的建设条件。在校企联盟的新形式下,高职院校与企业进行着技术交流、资源共享,随着联盟的扩大与规范化,高职院校通过社会实践不断地扩大着社会服务的职能。

4.职业院校构建"三向"开放式职业教育培训体系。

高职教育的主要承担者是高等职业院校或是高校职业技术学院,它们向社会开展职业培训是承担社会服务职能的具体表现,如果能够建立完善的职业教育培训体系可以最大限度地发挥社会服务的功能。从目前社会职业教育培训的现状看,高职教育要构建面向行业、面向企业、面向社区的"三向"开放式职业教育培训体系。第一,构建灵活开放的职业培训网络平台。网络培训集聚高校先进行的教育技术,向行业、企业、社区开放,开展社会服务。第二,开展行业专业技术培训服务。高职院校要依靠校内的师资及教育设施为行业和企业开展各类相关项目培训,可以根据社会需求采取多种培训方式,如技术指导、合作培训项目。第三,开展社区职业培训服务。高职院校服务周边社区是其重要的社会职能,要根据城市社区的经济、文化建设提供各类培训服务。第四,高职院校可举办各类职业技能大赛,提高职业技术为社会服务的水平。高职院校要通过举办各种职业技能大赛,提高职业技能水平,促进行业和企业的职业教育的发展。通过以上四种方式,职业院校建立面向行业、面向企业、面向社区的“三向”开放式职业教育培训体系。

总之,高等职业教育与社会服务的结合为其发展创造了机遇,从高等职业教育的具体职能可知,社会服务职能是高等职业教育的首要的根本职能。因此,高等职业教育发展应该定向为社会服务。当前,高职院校是职业教育的主要承担者,应该首先抓好高职院校教育及其为社会服务的职责,其次以社区为单位,利用社区学院提高职业技术水平。高校可建立校外社会实践基地,面向行业企业、社区,构建开放式职业教育体系,承担社会服务的职能。[16]

第二节　教育融入产业发展

一、教师到企业参与社会实践

职业院校要重视教师下企业学习时间的要求,按时派遣教师进行实践,对教师到企业实践的形式进行创新,参与企业的设计研发等科研攻关工作,尽快提升教师的工程实践能力,为产教融合提供师资保证。

(一)教师参与社会实践的理论依据

教师参与社会实践有三方面的理论依据,一是与教师素质有关的理论,包括教师素质结构论和实践论;二是与教育社会功能有关的理论;三是与教学规律或学生学习规律有关的理论。首先是教师素质结构论。关于教师素质的结构有各种观点,如有学者将之分为思想政治素质、专业素质、能力素质等;有学者专门就教师的社会素养进行论述。石中英认为,教师的社会素养就是“教师应当具备的对于传统、社会、国家、民族、人类未来等的观点、态度和价值观”。他提出提高教师社会素养有理论学习和社会实践两个途径,“在这两个途径中,最根本的还是实践学习的途径。因为,教师的社会素养不单单是一种正确的社会认知,还包括正确的社会态度、丰富的社会情感和积极向上的社会价值观,后者的形成和提升显然不是可以通过单纯的理论学习就可以完成的,非通过真实的社会实践学习不可。”教师的四类素养,即背景素养(社会素养)、对象素养(人学素养)、本体素养(自身素养)、过程素养(教育素养),这四类素养在教育工作中各有其特殊的功能,其中背景素养是教师了解工作的背景,更好地根据社会的需要、社会使命缺乏了解,对国家的进步与现实问题缺乏了解,对政治缺乏敏感,对党情、国情、社情、民情缺乏了解,这种责任感就不会很强。三是提高教师的专业素养。目前谈教师参与社会实践,主要是就提高教师的思想政治素质而言的,似乎教师专业素养的形成不需要社会实践,这其实也是误解。教师的许多专业素养,如果不通过社会实践的途径也难以真正形成和提高。比如语文教师对课文的理解,如果教师参与了实践,有直接的经验,则对课文的理解和讲授一定深刻得多;地理教师如果没有进行过野外考察,恐怕对很多地质地貌也理解不透;科学教师如果没有操作过机器,对很多机械原理也未必真正懂得。总之,教师如有一定的社会实践和直接经验,则对各个学科领域的知识一定会理解得更深、掌握得更牢。提高教师素质,是为了服务教育工作。教师的素质提高了,教育教学的质量也会更高。提高教育教学质量和效果,这是教师参与社会实践的间接意义和派生功能,也是教师参与社会实践的最终目的。离开了教育教学工作及其质量,教师素质的提高是没有意义的。

(二)教师参与社会实践的意义

首先,是对教育的意义。教书育人、立德树人是教育的根本任务。要培养担当民族复兴大任的时代新人,教师就要深知民族复兴的由来、方向、目标、路径、措施等。教师通过参与社会实践,有了良好的社会素养,就会激发学生的社会责任感,唤起学生的爱国热情,就能更好地引导学生学业方向选择,引领学生把聪明才智贡献给祖国和人民。反之,如果教师缺乏社会素养,就会导致学生死抠书本,为考试分数而学习,不知道学习何用,教育就很容易失去方向,失去动力。

其次,是对教学的意义。教师通过参与社会实践,提高思想政治素质、社会素养、专业素养,在教学上会带来很多益处:能够把书本知识与实际生活更好地结合起来,把专业知识讲得更加到位,有利于学生掌握知识;能够更多地从社会实践需要的角度去讲知识的运用和价值,有助于调动学生学习兴趣,激发学习的动力;能够把知识与实际生活情景结合起来,引导学生去运用知识、解决问题,进而提高学生解决问题的能力。

(三)促进职业教师企业实践制度有效运行策略

促进职业院校教师企业实践制度的有效运行是一项系统工程,不仅要关注政府和企业层面,还应重视职业院校和教师主体层面。下面从政府层面、行业企业、职业院校和教师四个不同角度,力图能全方位、多角度提出促进职业院校教师企业实践制度有效运行策略。

1.政府层面

职业院校教师企业实践制度的有效运行需要政府部门在战略上的统筹规划以及企业和学校在战术上的具体精准实施。从这个意义上来说,政府应承担起重要责任,在这项综合性任务中起到主导作用。

(1)优化职业院校教师企业实践制度架构

目前我职业院校教师企业实践制度的组织架构尚未真正建立,在责权利方面还比较模糊,所设定的零星激励原则也有失公平。为更好地协调社会各方利益,体现社会公平,实现政、校、企的深度融合,维护社会稳定,加快发展现代职业教育,就需要促进制度之间的相互衔接,完善落实相关配套措施。当前,我国社会正处在转型期,职业教育也必须适应社会发展需要,因此,许多职业院校尤其关注教师专业发展,对教师企业实践配套制度完善的要求比以往任何时候都更为强烈。诚然,改革开放以来,我国职业教育法制化建设突飞猛进,但职校教师企业实践法制化进程严重滞后,相关配套制度供给明显不足,导致职业院校教师企业实践缺乏长久性和有效性,甚至流于形式。职业院校教师企业实践是一个涉及各级政府部门、行业协会、职业院校和企业等多个相关主体的系统工程,其中政府部门在这个系统工程中起到引导、扶持、协调、监管等作用,行业协会起业务指导、组织协调等作用,职业院校和企业则是执行主体,在这个系统工程中需要构建教师企业实践的相关配套制度,如工作制度、保障制度、协调机制和风险规避制度。督促相关制度的有效落实,进一步明确这个主体的责、权、利,做到企业和院校平等协商、对等交流、责任共担、资源共享、利益分享。职业院校教师企业实践制度并不是孤军奋战,需要整个社会的大力支持,因此协调好与其他制度的关系,以期获得合力效应,从根本上打破制度运行不畅问题十分重要。应在国家层面制定职业院校教师企业实践制度的基础上,各省(市)应针对本省市职业院校的实际情况,组织相关职能部门制定相应的地方配套措施,并积极引导职业院校结合本校实际情况制定教师企业事件具体办法。需要努力在实践内容上做到职业院校教师普遍实践与专业课教师重点实践相结合,在实践形式上做到积极探索其它实践形式,在实践管理上做到部门主导与部门联动相结合,在实践责任上做到学校负责与行业企业互助相结合,加强政策协调和责任主体的整体联动,尽量从各个层面上分散教师企业实践制度运行的压力,发挥教师企业实践制度的综合效应。

(2)加快教师企业实践制度法制化进程

职业院校教师企业实践制度是促进职业院校教育质量提升、保障职业院校教师专业发展的有效途径,也是企业履行社会责任提供公共服务的重要体现,更是企业获取储备人才的关键环节它应是一个统筹兼顾职业院校、行业企业和教师长远发展的体系。这一制度的完善和创新离不开法律法规的规范,离不开职业教育法的完善。

2.行业企业层面

企业是职业院校教师企业实践的主要场所,行业和企业应在教师企业实践发展问题上承担更多的责任。企业是我国职业院校教师企业实践制度的承接机构,制度能否得到有效实施,企业承上启下的执行与配合起到了至关重要的作用。

(1)建立共赢机制

所谓共赢就是指在处理双边和多边关系时,在相互信任的基础上,通过各方相互理解、相互支持、换位思考,使双方或多方的利益分配趋于合理化。企业作为职业院校教师企业实践制度有效运行中最重要的一环,应该主动地承担起自己的责任,要明确企业的长远发展离不开参与企业生产中的每一个个体,只有每一个个体自身得到长足发展,这个企业才能获得源源不断的生机,因此有必要建立共赢机制。职业院校教师参与企业实践从更长远来看是利大于弊的,对企业的技术革新有着重要的推动作用,企业充分挖掘专业教师潜能,将企业的技术研发与职业院校教师课题相结合,提升职业院校教师创新能力的同时,有利于提高企业核心竞争力。因此企业应该转变自身发展观念,在追逐效益提高的同时接纳人才,为长远发展奠定基础。

(2)发挥行业协会"引力效应"

行业协会是介于政府、企业之间的、脱离政府机构管理的、企业生产者与经营者之间的非政府组织。行业协会作为非政府组织,是沟通政府与企业的桥梁,一方面代替企业向政府传达请求,另一方面代表政府向企业传达要求,这样不仅有利于规范本行业的生产行为,而且利于政府对市场内的企业进行法律约束和政治管辖。由此可见行业协会是协会内企业成员的支柱,它的一举一动是协会内成员的风向标。因此发挥行业协会的"引力效应"极其重要,区域内行业组织与职业学校深入沟通、磋商、联动的基础上以组织化、群体化的形式,将行业内的企业组织起来,形成一个强大的整体,然后作为这个整体的代表有组织、有计划地统一生产经营活动。

3.职业院校层面

职业院校是教师企业实践的执行者和监督者,是职业院校教师企业实践制度行之有效与否的关键。

(1)倡导多样化的教师企业实践形式

教师企业实践与教学工作、企业生产之间矛盾重重,解决教师企业实践与教学工作之间存在的矛盾冲突,职业院校首先得鼓励多样化的教师企业实践形式,灵活性的企业实践形式可以确保教师正常教学。

现阶段我国职业院校教师企业实践的形式主要包括到企业观摩考察、接受企业组织的技能培训、带学生到参加企业生产见习和实习等。在职业院校教师看来,参与企业实践是为了获得实践经验和技能,解决理论脱离实际的问题、为了丰富教学案例、为了实现技术研发与教学内容的有效对接,所以企业实践形式必须有所创新。

由于专业性质的差异性,引进企业的方式也不同。如对于职业院校计算机专业而言,"引进企业"或许只需要由职业院校出资提供企业所需的生产设备,为企业提供生产场地,将一部分企业的日常生产活动引进到学校,然后与企业之间签订协议,允许教师参与企业生产项目,由企业提供技术支持,这种教师实践形式对学校、企业、教师三方都有很大的好处,首先由职业院校出资提供生产设备和场地节省了企业的大部分开支,其次教师企业实践场所就在职业院校里面,实践和教学可以同时进行,对教师来说产生了极大的便利,最后对于学校而言,教师企业实践效果显著,专业能力大幅度提升有利于对学生的教学,学生掌握专业技能可以更好地与岗位对接,提高了职业院校的教学质量。促使教师企业实践与学生顶岗实习的有机结合。职业院校教师企业实践制度与学生顶岗实习制度有很多相似之处,首先就制度运行中存在的问题而言,职业院校教师参与企业实践和学生顶岗实习的参与积极性都不高;企业在教师企业实践和学生顶岗实习中的配合度有限;教师企业实践和学生顶岗实习评价体系、权益保障机制欠缺;其次就这两种制度的融合基础而言,一是地点相同,职业院校教师企业实践地点在企业,学生顶岗实习也是在企业中进行,二是目的相近,都是为了提升专业技能,教师为了更好的教学需要提升专业技能,学生为了更好的与企业岗位对接需要提升专业技能,三是方法类似,都是由政府发布指导性文件,职业院校组织,企业配合。故而可以考虑将职业院校教师企业实践制度与学生顶岗实习制度融合,寻求最优的融合方式策略,合理安排二者下企业的时间,强化顶层设计,促使教师企业实践与学生顶岗实习有机结合。

(2)建立信息化管理平台做好实践企业选取工作

首先,由政府为主导制定和完善企业实践信息化政策体系,开发利用信息资源,建设企业实践信息网络,推进信息技术应用,建立企业实践信息化管理平台,对教师企业实践内容、形式、时间、方法等进行系统监控,确保每一个环节都在制度框架内透明化地运行。其次,由职业院校牵头组建教师企业实践指导委员会,指导委员会成员应该包括各地教育主管部门、人事劳动部门、职业院校、行业协会、优秀企业,由职业学校选取适合本校专业要求的企业,交由企业实践指导委员会备案,再由委员会申请政府相关部门解决企业实践基地确定问题。实践企业应首选国有大中型企业,同时兼顾小型民营企业,以互相选派人员进行科技转化等形式实现合作,尤其是要鼓励各行业企业积极参与形成制度,相互沟通协调建立信息共享平台,整合行业企业信息,拓宽教师企业实践路径,便于教师就近选择适合自身专业性质的优质企业进行实践锻炼,同时鼓励企业主动邀请与企业生产项目有关的职业院校专业骨干教师进入企业进行技术合作,协同企业进行产品研发。

(3)积极发挥学校协调作用并建立专岗制度

所谓专岗即是教师到企业实践,要选择相关企业行业,实现与岗位的对接。由于地域、政策、经济等因素,不同职业院校的专业设置有很大不同,不同专业任课老师对企业的要求也有所不同,因此职业院校要积极发挥学校的协调作用,作为实践运行的主体要担负起自身的职责,负责联系企业,跟企业进行深入沟通、充分推进校企合作的达成并负责制定教师企业实践的计划,组织教师到企业实践,在时间、人员、数量和实践内容方面做出合理安排。为教师企业实践提供强力支持。首先,职业院校可根据学校具体情况自行联系相关企业,在企业选择方面,优先考虑行业翘楚,或者与企业建立校企合作关系,有针对性地共建实践岗位,确保教师可以多样化、层次性地选择企业实践去向;其次,学校和企业共建校合作办公室,共同筹划设立校企合作专职人员,目的是将教师企业实践具体安排纳入学校管理范畴,减少教师自行联系企业所产生的非必要成本投入。不提倡教师自行联系实践企业,也可以杜绝教师企业实践随意性,也可以加强对下企业的教师的统一管理。职业院校要制定具体工作方案,联合教育主管部门同意确定对口企业、统一组织实施教师到企业实践;省级职业院校对教师到企业实践工作,制定本校教师到企业实践的实施办法、配套措施和整体规划。教师到企业实践,要选择相关企业行业,实现与岗位的对接,围绕实际教学活动深入企业实践,职业院校联合地方各级统筹安排,有计划地安排文化课教师、专业课教师和相关管理人员定期到企业实践,为了近期目标作出长远规划,在突出重点意义上的专业骨干教师的培养格外关注。职业院校教师到企业实践的基本指导原则要遵循政府统筹、地方细化的原则;全面推进、突出重点的原则;立足企业,专业对口的原则;深入一线,注重实效等原则。

(4)协同教师企业实践监督考核

职业院校应协同企业制定教师企业实践监督考核办法,细化考核标准。职业院校明文规定考核等级,将考核等级分为四个层次,即:"优秀""良好""合格""不合格",职业院校在专业教师企业实践结束后,根据教师企业实践任务完成情况和学习成果进行考核。除此之外,职业院校必须与教师和企业一起商讨考核权重,明确何为优秀,优秀的考核标准有哪些,比如优秀最重要的考核标准是首先服从职业院校的组织安排,其次是快速熟悉并严格遵守企业各项规章制度;在企业岗位上积极勤奋、刻苦钻研、尽忠职守,能够在规定时间内完成实践工作,能力素质突出;良好与优秀相比差一个等级最重要的原因是是否按时完成企业实践任务。不合格最重要的考核标准是是否未经批准,擅自离开工作岗位而且没能完成企业派发的实践任务,在企业实践工作中投机取巧给企业带来巨大损失。根据考核做好教师企业实践成绩认定,专业教师在企业实践结束后,回到学校由学校根据教师考核成绩给予适当奖励或者将实践考核结果纳入教师专业发展档案,作为学期考核和职称评定依据。在企业实践考核过程中被认定为不合格的专业教师,不充分享受相关待遇。教师在企业实践中由于个人过失,不按照要求进行机器操作造成企业经济利益损失,影响校企合作计划的,教师个人除了承担相关责任外,院校还会出台相关处罚措施。另一方面职业院校还可以协同企业制定完善的第三方监督考核制度,承诺由第三方对专业教师企业实践动态进行管理与考核,杜绝职业院校和企业插手,避免影响到监督考核的客观性,进而形成高效运转的考核管理机制。

4.教师层面

政府、企业及职业院校政策层面上所有促进教师企业实践的举措,归根到底都要通过职业院校教师这个主体来实现。如果作为教师企业实践内因的教师本身没有企业实践的意愿和接受能力,那么前三者再好的举措都难以起到实效。所以在促进该群体专业能力发展的综合性任务重,应重视职业院校教师这个主体的重要作用。

(1)实践前更新职业发展观念

职业发展观念是一个人对职业的认识和态度以及对职业目标的追求和向往。职业院校教师要培养积极的职业发展理念,提高自身职业能力。一方面职业院校教师要认识到企业实践的重要性,积极参与教师企业实践工作,教师到企业实践有利于知识体系的完善和职业能力的全面发展;其次职业院校教师要明确到企业实践的目的,做好个人规划,使教学内容与生产密切结合,增强教育教学的针对性;最后要强化自身权利保护意识,坚定企业实践信心,职业院校教师参与企业实践既是权利也是义务,因此职业院校教师参与企业实践有必要强化自身权利保护意识,教师参与企业实践是国家大政方针的要求,是职业院校的规定,有权利在参与企业实践之前与企业之间签订相关协议确保在企业生产实践中的安全保障。

(2)实践中端正学习态度真正融入企业

在企业实践过程中职业院校教师要从传统被动性专业发展向自主性专业发展转变,积极转变角色,以企业员工的身份努力融入相关企业,和企业建立并保持良好的互帮互助学习关系,在企业中培养主人翁意识,将企业的可持续发展作为自己下企业实践的目标,一方面在遵守企业的规章制度下能够配合企业管理人员承担企业要求的咨询和培训任务,避免迟到、早退、无故旷工等不利于企业文化发展的现象;另一方面能够将课程开发与企业实践相糅合,在实践中领悟课程,带着课题项目参与企业实践,在企业实践中更丰富和创新课题内容,适应教学需要。

(3)实践后积极反思内化实践成果

教师在企业实践中受到的职业技能培训和企业文化熏陶的最终目的是将这些职业素养运用到教学实践中去,在教学过程中潜移默化地传递给学生,但知识的转化需要一个过程,因此就需要教师在实践后期积极反思,结合学生实际情况因材施教将企业实践成果转化为课程资源,并为下一轮企业实践做好准备。[17]

二、学生到企业实习实训

通过到企业实习实训,学生亲身感受企业为其提供的教学情境和文化氛围,在完成实践学习任务的同时,加深对企业文化的理解和认同,并积极融入企业文化,为未来进入企业夯实基础,从而促进企业的建设与发展。

(一)职业院校学生企业实习制度

《职业教育法》规定国家鼓励企业、事业单位安排实习岗位,接纳职业学校和职业培训机构的学生实习。接纳实习的单位应当保障学生在实习期间按照规定享受休息休假、获得劳动安全卫生保护、参加相关保险、接受职业技能指导等权利;对上岗实习的,应当签订实习协议,给予适当的劳动报酬。《职业学校学生实习管理规定》要深刻认识数字经济驱动下职业场景变化、岗位需求升级的新形势,会同有关部门进一步健全企事业单位接纳学生实习的激励机制,促进扩大和优化与专业对口的实习岗位供给。要主动适应前沿技术与实习深度融合新趋势,将实习纳入教育信息化建设覆盖范围,统筹建好、用好校内外实践教学资源。

1.国家层面学生企业实习制度

强化企业接纳学生实习的政策引导职业院校学生企业实习制度是职业教育领域校企合作制度的重要组成部分。要加快职业院校学生企业实习制度建设,保证职业院校学生企业实习的有序进行,必须完善国家层面职业院校学生企业实习制度。《职业教育法》规范了政府、企业和职业院校三者行为,强化企业接纳职业院校学生实习责任。同时,明确中央和地方各级人民政府应采取保障或激励措施,鼓励企业接纳职业院校学生实习。具体来说:一是实行促进职业院校学生企业实习制度落实的财政支出政策。中央以及地方各级人民政府应在财政预算中安排职业教育校企合作发展专项资金。对企业接纳职业院校学生实习所发生的物耗、能耗给予适当资助;对接纳职业院校学生实习取得显著成绩的企业给予奖励、表彰。二是实行促进职业院校学生企业实习制度落实的税收政策。中央以及地方各级人民政府应鼓励企业与职业院校开展订单培养、吸纳职业院校学生顶岗实习,并对按照一定比例接受顶岗实习学生就业的企业给予税收优惠。企业给职业院校学生顶岗实习期间的劳动报酬可以从税前列支等。三是实行促进职业院校学生企业实习制度落实的信贷政策。鼓励金融机构改进金融服务,开辟校企合作信贷业务,企业(尤其是中小企业)与职业院校合作设立实训基地、合作建设实验室和生产车间提供一定的信贷支持.鼓励商业保险公司联合推出职业院校学生实习险种,以加强对职业院校顶岗实习学生在实习期间的社会保障。总之,要确实保障企业在接纳职业院校学生实习问题上充分体现做与不做不一样,做好与做坏不一样,以提高企业接纳职业院校学生实习的积极性。

2.企业层面学生企业实习制度

企业接受职业院校学生实习(尤其是顶岗实习),除了承担人才培养主要功能之外,客观上还承载着解决企业用工、促进学生就业以及减轻学生家庭负担等其他功能。因此,企业接纳职业院校学生实习既是企业自身发展的需要, 也是企业承担社会责任的重要体现。企业应充分发挥其在职业院校学生企业实习活动中的主体作用,通过健全和完善接纳职业院校学生实习的制度,来彰显自身所承担的社会责任。一是企业要与职业院校共同制定学生实习计划,与学校协商签订符合法律规范的学生实习协议并严格执行。二是企业要制定和落实学生实习报酬和劳动保障制度，按国家相关标准向实习学生支付合理的实习补贴。根据不同行业和不同工种的情况，为实习学生购买人身意外伤害保险等相关保险，保障学生的劳动权益。三是企业要建立组织管理机构，配备管理人员，建立实习管理责任制，制订《学生实习管理规定》《学生实习考核评价办法》等一系列管理制度，加强对学生日常实习管理，做好学生实习评价工作。四是企业要建立、健全指导教师管理制度。加强指导教师队伍建设，挑选业务精、素质强、作风正的单位员工作为学生实习指导教师，并与学校合作对指导教师进行教学业务培训。五是企业要建立学生实习岗位轮换制。根据学生所学专业和企业实际情况，为学生实习提供数量充足的岗位，对学生分阶段进行轮岗培训。使学生可以在不同岗位得到实际锻炼，促进学生综合职业能力的提高。

3.学校层面学生企业实习制度

实现企业接纳学生实习的有关联动职业院校是学生企业实习工作的派出者，也是学生企业实习工作的最终受益者。因此，职业院校应该既要尊重教育规律，也要尊重生产规律。依据国家层面的职业院校学生企业实习制度，积极主动与企业和社会相关部门在学生实习活动领域开展广泛合作，在学生实习的技能指导、课程辅修、日常管理、生活安排、实习评价等各环节上实现有机配合和整体联动。一是职业院校要建立、健全专门的学生实习管理机构。制定相应的教学管理和实习管理办法，和企业一道共同研究设计与企业生产经营活动相符合的规范、科学的实习运行管理模式。建立、健全学生企业实习管理的评价体系和学生信息反馈机制。二是职业院校要健全学生企业实习日常管理制度，安排专人负责跟踪管理学生实习全过程。会同企业和其他相关部门建立企业实习突发事件应急处理机制，切实保障学生的各项权益。减少因突发事件给学生、学校和企业造成的损失。三是职业院校要健全指导教师管理制度，扎实做好实习现场管理。完善专人管理和委托单位代管相结合的管理模式。建立实习网络管理与信息沟通平台，及时做好教学信息的下达和学生反馈信息的沟通。四是职业院校要建立学校、企业和学生家长三方的学生实习信息定期通报制度、重大问题及时汇报制度、重大失误责任追究制度。此外，职业院校要完善学生心理教育、心理辅导与思想政治教育工作机制，帮助学生正确看待顶岗实习和实习报酬，加强对学生的校纪校规和厂纪厂规教育。严守工作岗位，严格管理实习学生的考评和考核工作。确保学生企业实习工作落到实处。[18]

三、学校科技成果在企业转化

构建科研成果转化为教学内容的模式与激励机制。克拉克指出："科研和教学只是在特殊条件下能够在单独一个框架内组织起来，远远不是一种自然的相配。"

(一)科研成果转化为教学资源的"五位一体"模式

1.科研成果纳入课程资源

高等院校的课程资源比较单一，缺少新颖的教学内容，将科研成果纳入课程资源不仅能够丰富教学内容，还可拓展学生的眼界。丰富课程资源，可在相关课程的教学活动中融入科研成果。在高校教学与科研实践中，依据个人兴趣以及适合的科研成果，将科研成果融合于教学资源中,以达到科研转化为教学的良好效果;以选修课的方式开设前沿性课程,教师应立足于终身学习,时刻关注学科前沿动态,以此让学生了解科研成果与教学资源的关系,拓展学生的知识面,建立学生的科研意识;鼓励教师出版基于科研成果的教材与著作,教师可根据自身的科研经验著书,不仅能够记载科研过程,还能够将其转化为教材,丰富并更新教学资源。

2.科研成果作为毕业论文的选题

科研成果与毕业论文选题相结合,不仅体现论文选题的新颖性,还能提高毕业论文的质量。随着社会的不断发展,对高校育教学提出了更高质量的要求,毕业论文的选题也要求具有前沿性与创新性。毕业论文的选题也同样代表着学校的教学质量,因此要及时鼓励教师引导学生选择科研创新类论文选题,将科研成果作为毕业生的毕业设计,不仅有效的将科研成果与教学工作相联系,还能够提高高校的毕业论文质量,改进高校的教学质量。

3.科研成果转化为教学实验项目

高校积极提倡科研成果转化为教学实验项目,一是注重理论与实际相结合。如,清华大学设立"实验教学专项基金",根据学科发展不断改进实验教学体系和内容,是科研成果转化为实验教学内容的新模式。随着国家对教育发展的新要求,科研成果会逐渐融于教学,有利于师生间建立高水平互动。二是加强实践教学环节。如某些高等院校经常组织学生参与科研过程,跟随教师参加科研比赛,学生将教学中学过的知识应用到科研项目中加强对知识理解,培养学生的实践动手能力、创新意识。此外,指导比赛教师也可以在高等院校中开设相应的实验课程,促进双向互动。

4.科研成果转化为学生的创新创业项目

高校大学生创新创业项目也可以由科研成果转化而来,以促进科研成果与教学资源的融合。具体表现为:师生共同参与各级各类科研项目,并积极转化为创新创业项目。如,河北科技师范学院将科研成果转化为学生创新创业项目,为学生提供孵化基地,成功将农学领域的红葡萄酒酿造和富硒鸡蛋生产等科研成果转化为创新创业项目。其次,高校主动开展创意性科研活动,鼓励教师指导学生将科研创新成果化与作品化,参加各级各类学科竞赛、发表论文或申报专利,如 SRTP 项目。因此,应鼓励教师与学生共同参与科研,将科研成果转化为学生创新创业项目,实现科研的应用价值。

(二)科研成果转化为教学资源的激励机制

在科研成果转化为教学资源的过程与模式中,建立相应的激励机制,发挥科研对教学的正向引导作用,形成科教互促的良好风气。

1.完善相关政策评价体系及发挥导向激励作用

国家相关政策评价体系的完善,有利于激励高校教师推进科研成果转化教学资源的转化过程。完善大学评价的相关指标体系,有助于提高教师将科研成果转化为教学资源的意识,进而加快推进学校的教学质量。通过加强科研成果转化为教学资源这一指标的考核力度,可以加强科研与教学的关联度;协调好教学、科研和绩效考核三者的关系。坚持教学工作与科研工作同等对待、坚持教学项目与科研项目同等对待、坚持教学奖励与科研奖励同等对待、坚持教学管理与科研管理同等对待。

2.奖励科研成果转化为教学资源

高校往往注重科研成果的奖励，而忽略对科研成果转化为教学资源的激励。其实科研成果与科研成果转化为教学成果相比，后者比前者难，也更具有实践应用价值。因此高校应当加大对科研成果转化为教学资源的奖励。高校应激励科研成果转化为教学资源，奖励科研成果促进教学内容。对科研成果进教材、进讲义及进课堂予以奖励，并对建设成果予以评审评优。奖励科研成果促进实验教学，设立"实验教学专项基金"，考核实验项目和内容设计中科研成果的贡献。奖励科研成果促进学生创新创业活动，鼓励教师指导学生将科研创新成果化，对获奖作品或发表授权成果予以重奖。奖励科研促进毕业论文水平提高。通过论文评优，奖励科研创新类论文选题，教育部门出台相应制度文件，表彰奖励。如果能合理利用奖惩制度，将科研成果转化为教学资源列入考核，必会激励教师将科研成果转化为教学资源。

3.鼓励将科教转化评价融入教师各类考评制度

将科研成果转化为教学资源作为教师的评价指标。新一轮的教师考核评价体系提出要完善科研评价导向参与教师的评优评先评职称的指标中，可见国家非常重视教师的科研评价导向，更加重视教师的科研成果以及科研成果融于教学资源过程。高校应及时根据国家政策方针完善教师考核评价制度，激励教师积极参与科研成果转化教学资源。

4.鼓励教师科研方向与教学工作相一致

大学里教师的科研存在一盘散沙、各自为政的现象，导致高校教师缺少合作和团队意识，科研方向与教学工作不相符问题较为突出。鼓励教师明确科研方向，学校应制定相关政策，鼓励教师在课程体系下展开科研工作并支持科研立项，提高科研成果与教学资源相吻合度，避免科研成果与教学资源相脱离；加强科研方向与教学工作促进作用。在科研成果转化为教学资源的过程中，要给予教师授课方式的自主权。不要按传统方式考核教师的授课，教师在选择与科研方向一致的课程教授方面拥有自主性，就能提高科研成果转化教学资源的意识，增强科研转化为教学的动机，通过教学效果和业绩提升教师的成就感。探索科研成果转化为教学资源的模式与激励机制，为高等院校进一步实现坚持以本为本、推进四个回归，建设中国特色和世界水平的一流本科教育提供服务。以科学研究所取得的经验和成果来指导教学，实行创新教育机制，推动高校中科研工作的健康发展。以科研带动教学，以教学传承科研精神，实现教学和科研双丰收，从而形成"科研成果—优质教学资源—提升学生综合素质"的良性循环。[19]

四、学校为企业职工开展培训

学校扩大面向企业职工的培训规模，成为技能培训的主力军。积极拓展培训资源，加强培训条件、培训教师队伍、课程资源、培训标准建设，提升学校培训能力。

企业可以借助学校的师资力量，为企业提供人力资源及学习培训，节约企业岗前培训和技能培训的时间和成本，提高了企业劳动者素质，进一步激发企业生产活动中最活跃的要素。职业院校开展行业企业培训应结合自身办学定位和专业建设特色，贴近国家职业资格标准、服务行业标准，紧密联系行业企业，立足行业企业需求，做好培训需求分析与规划，积极完善人、财、物等培训配套条件；加强制度与运营层面的建设，形成规范化、标准化的运作流程与培训途径，并通过制度建设加以常态化、制度教育管理化,为提升企业培训服务层次建立良好的环境。

(一)紧贴国家职业资格标准开展培训

国家职业资格标准具有一定的普适性。因此,应加强对国家职业资格标准的研究,并作为主要的培训指导文件和培训课程教学资源开发的重要依据。紧贴国家职业资格标准,发挥国家职业技能鉴定机构与场所的作用,按照国家职业技能标准和职业资格制度,开展职业资格证书培训、岗位技能提升培训、新技术推广培训等工作,不断拓展职业培训途径。

(二)紧贴行业标准开展培训

以行业为根基,研究行业面向岗位群的技术技能要求,以及新设备、新技术、新工艺的特点,了解、把握行业的发展需求,紧跟行业主产业发展,提升职业培训的针对性、实效性,不断提高企业培训的专业化水平。例如,天津轨道交通集团作为轨道交通的行业主管部门,出台了地铁司机驾驶员的行业标准与要求,承担培训工作的职业院校,将其标准与要求细化分解为工作任务,再由工作任务分析,转化为知识能力素质要求,结合相关的课程内容,最终形成培训课程,使培训工作具备了较强的知识性与实用性。

(三)紧贴企业需求开展培训

职业院校为企业开展培训,首要的是进行需求分析,了解企业的核心诉求,为企业设计需要的培训方案。需求分析的重点应包括组织分析、岗位分析、工作任务分析和人员结构分析。组织分析重点分析组织文化、企业培训员工的工作责任、任职条件等;岗位分析重点分析企业员工岗位分布、岗位工作任务等;工作任务分析重点分析企业培训员工岗位工作所需知识能力、技术技能;人员分析重点分析员工现有的工作能力与培训需要达到标准的差距,据此做好企业员工培训规划的设计。在培训之前,要遵循培训规律,遴选出教师,深入企业一线,掌握企业生产组织的基本情况,参加培训员工的工作岗位、工作经历、知识能力结构等相关信息,并认真分析研究,最终制订符合企业特点与需求的培训计划,有效开展企业培训。

(四)积极完善人、财、物等企业培训配套资源建设

行业企业培训配套资源建设是开展培训必不可少的条件,没有相应的支撑,职业院校无法吸引行业企业前来合作,也不可能取得企业想要的培训效果,更无法实现与企业的长久合作。

第一,建设一支专兼结合的企业培训教学团队。根据学校专业的实际情况,与行业企业共同制定培训师资评聘标准,选拔具有一定企业实践经历、业务好、工作能力强、善于沟通协调的一线教师开展培训,同时聘请行业企业工程技术人员,建立兼职培训师资队伍。提升教师对企业培训的认识,鼓励教师到企业调研、交流、挂职锻炼,参与企业科研项目研发,了解合作企业的生产情况及员工培训的需求。积极为培训教师提供相关的配套政策,鼓励他们脱产、半脱产参与企业顶岗实践或到企业接受短期培训,不断提高企业培训实战能力。

第二,增加经费投入,合理分配培训收入。经费投入是开展行业企业培训的硬件条件,一方面,要做好顶层设计,加大政府财政补贴力度,积极为职业教育开展行业企业培训提供实践平台和资金支持。另一方面,职业院校也应以资金支持为杠杆,做好政策激励。例如,将学校服务企业的创收利润,按照一定比例制定分配和奖励的标准,进而引导并鼓励广大教师不断丰富自己的专业知识和实践操作能力,在行业企业培训中做出成效。

第三,加强校企合作,做好培训教学资源的开发。加强校企沟通与合作,构建职业院校社会培训课程体系,增加应用型课程开发。校企合作共同开发教学资源包括校本培训教材、培训讲义,特别是根据生产实际,合作开发数字化教学资源。例如,利用微课、慕课,通过网上或 APP 等信息手段,实现面授与网络在线学习相结合的多元培训方式。在教学方法上,引入教练式教学法、实践教学法、案例教学法等,将企业培训模式引入学校培训课堂,提高企业员工的培训效果。

（五）强化职业院校培训制度化建设

建立职业院校与行业企业的培训合作机制,积极促进校企之间协同推进培训运行。在教师管理方面,制定各工种、各级别培训教师课酬标准,调动教师参加企业培训的积极性,保证企业培训工作的顺利实施。在培训管理方面,积极推行网格化管理等先进管理模式,形成以院系为网格中心,以专业为支撑,以企业培训师资项目组为延伸的三层网格化管理模式。结合院系实际,制定和完善培训管理制度与激励机制,充分调动教师的积极性。以天津职业大学机电学院为例,在网格化管理和一系列保障激励措施的作用下,通过紧贴国家职业资格标准、行业标准和企业需求开展培训途径的探索,积极开展面向行业企业的各级各类职业技能培训与职业资格鉴定,以及社会培训与服务,获得了行业企业的一致认可与好评,社会服务能力明显增强。[20]

五、学校聘请企业技师担任教师

职业院校聘请企业行业的技术技能型人才切合职业教育特色,在提高职业院校教育教学水平、增强职业院校教育竞争力、培养高水平高质量人才具有尤为突出的重要作用。结合当前我国职业院校对校外兼职教师的聘任及管理现状,教育主管部门、职业院校及社会企业行业急需转变当前兼职教师发展建设思路,职业院校应根据自身发展及需要情况,不再因追求填补生师比不足而盲目聘请兼职教师,而是在保持生师比满足教学内容的情况下,坚持提高职业院校教师的专业技术技能实践水平,让职业院校教师"走出去",下企业锻炼学习;同时,又聘请职业院校在实践教学时需要的企业行业能工巧匠、专家能手,把企业行业的技术技能型人才"引进来",切实发挥出其真正的专业技术本领,积极参与职业院校课程建设,提高教育教学水平。职业院校要充分利用和发挥企业与职业院校教师互聘的优势平台,互相学习,彼此提高对方的专业水平和技术水平,从而是职业院校和企业达到双赢,使得学生真正学习到专业实际技能。

（一）学用融合

黄炎培先生对职业教育的观点描述是:双手万能、手脑并用、读书与做工相结合。因此,职业学校可以解放思想,开创教学做合一的培训新模式,在工作中不断地提高学生实训的针对性、有效性和实效性。职业院校要大力开设实践性课程,且不少于学生总课时的一半,在学校学习理论知识的同时,安排学生参与企业顶岗实习,时间不低于 6 个月。启动实施专业建设,根据专兼职教师所处的不同发展阶段,坚持以培养对象素质能力要求为出发点、实际工作需要为落脚点,组织研讨制定并实施人才培养方案。抓住职业教育的培养目标、革新教学内容、推进多重实施方式、创新多元考核评价等关键环节,进一步推进职业培训课程规范化建设。把教材建设提上职业教育改革日程,积极推动教师培训教材编写。大力促进教学方法与学习方式创新,强化以问题为导向、以学生为中心的理念,有效提升教学的实效性。另外,还要积极推动以赛促学,创办新任兼职教师教学技能展示活动,共同促进教师的教与学生的学。

（二）专兼结合

改革人事管理制度。对于兼职教师的聘任和管理等,只要有了权威的详细规定,职业院校在兼职教师的聘任与管理上便有法可依、有法可循了,从而摆脱当前的企业兼职教师聘任、管理的无序局面。学校里不可避免地要面对并处理专职教师与兼职教师之间的关系,这时要注意的就是鼓励两支教师队伍之间相互尊重、交流合作、团结共进。学校必须公正地对待兼职教师,打破"身份认同"困难与"制度支持"的矛盾,明确企业兼职教师的"教师资格"条件,确保聘任对象的合法性。相关教育主管部门和职业院校可以根据我国《教师法》和《教师资格条例》的相关规定,出台对应的"兼职教师资格条例",给予政策和法律上的保障,确保职业院校聘任行为的合法性以及聘任对象教师身份的合法性,以指导职业院校对兼职教师的管理。同时,对企业兼职教师的资格认定作出严格、统一的政策规定,以防止滥竽充数现象的发生。做到即使兼职教师人员较多,但素质质量高,管理规范。完善职业院校兼职聘任与管理的办法,提高企业参与职业院校教育教学工作的积极性和责任感,增强企业兼职教师对自身的角色认同感,是化解当前职业院校兼职教师聘任和管理困境的有效路径。

（三）革新招聘

职业院校应以自身专业发展需要、专业课程改革和实训教学质量提升为要求,以提升学生实践能力为目标,做好兼职教师队伍发展规划,科学划分专兼职教师的教学任务和工作安排,做到按需聘用。长期聘用那些能够在实际工作中发挥良好教学作用的兼职教师。切实提升兼职教师质量是发展兼职教师的工作重点,职业院校认真落实校企教师互聘中心的聘任办法,聘请技术水平高且具有教师资格的企业兼职教师,完善教师招聘管理办法,提高我国职业院校办学水平。人事制度和薪酬制度改革的核心是充分发挥学校的办学自主权,在充分吸收近些年各地高等教育制度改革中的经验和成效的基础上,深化职业院校专兼职教师人事制度改革,积极探索实行职业院校人员总量管理,并推动职业院校兼职教师职称制度改革。职业院校应根据人才培养的结构,自主确定专兼职教师队伍结构,自主评聘、考核兼职教师。政府应逐渐放权,提高职业院校自身对收入分配自主权的掌控能力,在核定的绩效工资总量内职业院校可以自主地确定整个学校的收入分配问题。职业院校在聘任和管理兼职教师时应具有以下特点:一是高定位。赋予兼职教师更高的职业定位,教育主管部门和职业院校给予兼职教师法律上的保障,提高其社会公众度。二是高素质。现阶段,要推进教育现代化、建设教育强国,必不可少的是要建设一支具有更高素质、更高水平的教师队伍。因此,切实加强职业院校师资的素质建设,为专兼职教师提供更多的培训课程。三是高标准。明确社会企业兼职教师进入职业院校的入职标准,吸引企业优秀人才,用更优秀、更专业的人才去培养学生,办适合、满意的教育。四是高待遇。把提高兼职教师待遇作为增强兼职教师职业吸引力的举措,企业与职业院校互聘中心制定切实提高教师待遇的具体措施,健全兼职教师工资长效联动机制。

（四）因地制宜

现阶段,职业院校的发展离不开当地的区域社会经济发展水平,纵观我国不同地区聘请兼职教师的情况,兼职教师队伍建设与当地区域经济发展也密不可分。由于全国各地区的社会生产力和经济发展水平的情况各异,各区域的产业结构和规模层次也截然不同,这直接影响各地职业院校的发展规模和办学层次,制约着职业院校聘请企业行业兼职教师的数量。因此,不管是职业院校还是企业行业,都应看到不同区域存在着的差异。在双师型教师队伍建设的过程中,对于经济较为发达的区域,职业院校应可以聘请数量较为多的企业行业兼职教师,而对于经济欠发达区域,职业院校可以根据本校情况,聘请适量的企业行业兼职教师,各地区因地制宜地对企业行业兼职教师的数量进行合理调控和安排,更好的配合职业院校的教师队伍发展和教学水平的提高。[21]

第三节　产业教育融合发展共同体

一、通过校企合作打造共同体

职业教育校企合作共同体的构建,需要基于有效的制度保障,优选合作单位,加强合作管理,创新利益驱动机制,实现自身的可持续发展。

(一)实现共同体构建的核心要解决的问题

基于产学研合作共同体的内涵与特征,实现共同体构建的核心是要解决三方面问题:一是主体之间的相互信任问题;二是主体合作的长期延续问题;三是合理风险利益机制的设计问题。

1.强化合作管理:夯实产学研合作共同体的发展基石

(1)合作管理基础:团队协作。在传统"小科学"时代,知识创新的动力往往来自学者个体的兴趣,知识创新往往是在单一学术行政体制内、在单一学科内以"单兵作战"为主进行。而对于产学研合作来讲,因为"单兵"灵活,对合作的预期要求不高,合作成本较低、风险较小,许多成长型企业也容易首先选择"单兵作战"的模式进行合作尝试。

然而,随着企业的逐步发展,产品技术水平不断提升,"单兵作战"已经难以帮助企业持续提升技术创新能力,尤其是对于强调合作稳定性的产学研合作共同体来说,逐步引入"团队协作"是实现产学研之间持续、稳定、紧密合作的必然。一个有效的产学研协作团队,既可以克服"单兵作战"存在的视野局限、学科狭窄、精力不足、持续创新动力缺乏等问题,又能够通过群体的力量帮助企业逐步拓宽产品的市场适应力,在企业转型升级、创新发展方面发挥重要作用。当然,并非所有的团队都能产生良好的绩效。目前,高校大多采用量化考核,普遍对团队考核重视程度不够,对教师的考核指标主要落实到个体上,如著作、项目、论文等大多只承认第一作者,而对教师科研团队没有明确的考核方法或缺少具有操作性的考核方式。这种"重个体"、"轻团队"的考核方式,严重制约了"团队协作"的开展。因此,在大环境政策引导鼓励不够的背景下,产学研合作共同体的"团队协作"就更需要注重团队导向,通过团队与企业的共同成长,不断做大做强团队绩效,进而提升个人业绩,从而保证团队整体动力。

(2)合作管理基石：共建组织。合作共建组织是产学研合作共同体的一个重要特征，也是推动产学研合作共同体发展的重要基石。从目前情况看，产学研合作之间一般都会以某种形式建立一定联系机制，并根据合作的状况作相应调整。如初期合作往往以负责人之间的不定期沟通或双方确定联络人具体联系的方式实现；随着合作的深入，会通过合作共建组织的方式进一步固化相互合作，如在企业或学研方内部建立联合研发中心、联合实验室、教育实践基地、联合培训中心等；以行业为单位与政府、高校合作建立产学研技术创新联盟、公共技术检测中心等公共性平台；以合作项目为依托，联合注册建立新的实体公司，通过实体公司的发展带动合作项目的深化。

然而，无论是哪一种形式，对于需要持续发展的产学研合作共同体来说，合作共建组织开展实质性工作是至关重要的。因此，产学研合作共同体的合作共建组织应该具备三方面的特征：一是组织人员由合作各方共同选派，在一定程度上分别代表各方的利益，并及时沟通各方信息；二是围绕推进产学研合作发展，合作组织必须确定明确的工作目标及任务；三是合作组织应该有独立的运作经费并有一定的具体管理人员，开展专业化的运行管理。

2.创新利益分配：完善产学研合作共同体的激励机制

(1)实行阶段性分配制度。当前产学研合作的利益分配多采用一次性项目清算的方式，难以体现风险共担、利益共享，既缺乏对高校的持续激励和约束，又不利于企业对技术的掌握与改进。因此，产学研合作共同体应着力构建按照层次和阶段进行的风险评估与利益分配制度。如尝试将合作过程分为成果研究、成果转化和产品投放销售等阶段。成果研究阶段的技术风险，主要由技术供给方即高校承担，而决策权和利益分配也相应更多；成果转化阶段的技术风险应由双方共同承担；产品投放销售阶段的市场风险则主要由技术吸纳方即企业承担，利益分配以企业为主。

(2)推广"按绩提成"模式。具体分配过程要推广"按绩提成"模式，将科研经费分解为基础研究费用和提成费用两个部分。首先由企业方先支付一定金额作为"入门费"，作为对高校技术研发经费的补偿，使高校在合作伊始就得到合作带来的利益，待产品面向市场之后再以规定比例支付给高校提成费。这样一方面降低企业研发投入，另一方面也有助于增强合作的延续性，增大高校成果投放市场后的收益。当然，在条件成熟情况下，产学研各方主体还可加大合作力度，通过以技术成果、商标权、专利权等入股企业，与企业共同承担风险，分配利益。

(3)建立第三方评估制度。第三方应由专业科技服务机构来承担；由于我国科技中介组织并不发达，第三方组织选择范围可以扩展到政府科技部门、科研院所等具有独立法人资格和研究能力的组织。产学研合作共同体成员可以通过签订合同的方式，来确定第三方组织，并授权其进行合作创新活动的评估、监督与协调工作。第三方在产学研合作共同体的活动过程中对项目风险、执行情况、成果鉴定及利益分配进行评估，提出相关建议，以保障各主体对风险承担及利益分配的相对合理。

(二)打造校企合作共同体的特征

1.建立制度保障：打牢职业教育校企合作

共同体的防护体系职业教育校企合作共同体作为一个有机的整体，包括政府、行业、企业、学校、教师、学生、企业员工和其他利益相关者等多元要素，其机体健康、稳定、有序、有效的运行，依赖于合理的法律法规和政策制度予以保障。就现状而言，尽管国家和地方政府均为促进职业教育校企合作的有效开展出台了相关政策法规，但基本上都是以诸如"通知""意见"和"决定"等宏观形式出现的，而以"法律""制度""条例""办法""细则"等微观形式出现的较为少见。合作共同体作为维系职业教育校企合作良性运转和可持续发展的有效路径，需要受到合作参与各方应有的重视。因此，作为职业教育校企合作的主导者，政府应该通过制定有关促进和保障共同体顺利构建与良好运作的法律法规和政策制度，明晰利益相关者各自在共同体中所应承担的权责和义务，促使职业教育校企合作共同体的构建制度化、规范化，同时为实现多元个体的聚合与共生，以及多方优势资源的整合与优化，创设良好的政策和法制环境。

2.优选合作单位：奠定职业教育校企合作

共同体的构建基础职业教育校企合作作为职业院校人才培养的有效模式，对合作单位的选择决定着最终人才培养的质量和规格。因此，并非任何一家企事业单位或机构都能成为职业教育校企合作的对象。要达成培养高素质的劳动者与社会需要的高技能型人才这一目标，需要在综合考虑相关合作个体利益诉求以及愿景、成长性、规模、资源、能力等要素的基础上，通过深入的沟通交流，选择合适的合作单位。首先，要看合作单位的自愿性。优先选取那些自愿为职业院校提供资源、资金、基地建设等方面支持，愿意接纳教师和学生到企业实践实习，积极参与校企合作的单位。其次，要看合作单位的匹配性。不同学校和企业各自所擅长的领域均有所不同，要实现合作的良性运转，学校应当基于自身的特色寻求能够与之相互匹配与共融的合作单位。最后，要看合作单位的成长性。校企合作要实现自身发展的长效性，因此所选择的企业必然需要具备一定的能力和规模，能够在相当长的时间段内保证自身发展的稳定性和可持续性。

3.强化合作管理：夯实职业教育校企合作

共同体的发展基石职业教育校企合作共同体所要实现的，就是基于不同个体的共同特质，把参与校企合作的所有利益相关者聚合起来。由于校企双方及其隶属于双方的教师、学生和员工各自拥有的文化、背景均有所不同，多方个体在合作的过程中不可避免地会存在着一些矛盾与冲突，由此可能为合作共同体的实际运作造成困难。因此，为了协调不同个体之间的差异性，搭建有效的管理平台，统一各方意志，实现共同体内部精细化的运转，成为必然之举。一方面，通过成立诸如校企合作共同体理事会、委员会等合作管理机构，建立规范化的管理制度，制定共同体实施细则，明确成员各自应有的责任、权利和义务，实现职业教育校企合作共同体的协同管理和有序运转。另一方面，通过搭建有效的沟通平台，建立教育与产业、学校与企业、师生与校企等点对面的多元沟通与对话机制，让共同体内部成员能够合理地表达自身的利益诉求和不同的意见，为职业教育校企合作共同体的长效发展奠定良好的合作基础。

4.创新利益机制：完善职业教育校企合作

共同体的驱动模式校企合作共同体由不同的利益个体构成，因为共同的目标愿景和利益需求而凝聚成一体，相互依存、相互开放、相互促进。实现多元异质个体的同质建构，需要建立良好稳固的驱动机制予以保障，其中最为重要的就是利益驱动。当前职业教育校企合作主要靠国家和地方政府出台的尚不完善的宏观性政策予以推动,在职业院校的积极响应下得以开展。但是,在这种还不健全的外部驱动因素的影响下,合作中除学校外的其他利益相关者则未能充分发挥应有的积极性和主动性。企业由于未能明晰合作为其带来的现实利益而消极应对,职业院校教师和学生也因为作为"人性"的个体隶属于组织而尽显被动。因此,职业教育校企合作共同体需创新当前的利益驱动模式,以解合作困境。政府通过财税政策和法律等予以保障,行业协会通过建立相应的机制予以协调,同时赋予教师、学生和其他利益相关者主动性合作个体的身份,明晰自己在合作中的责任、权利和义务,充分调动其在合作中的主观能动性,实现驱动模式由"外推"向"内生"转变。[22]

二、联合组建科研和实习实训平台

充分发挥高校科技创新能力,推动高校科技成果转化,"校企协同"科研平台建设与运营,成为不容忽视的重要举措。高校应当发挥自身资源优势,结合行业与区域经济发展需求,完善科研平台建设,更好地发挥科技创新能力,提高科技成果转化率。高校作为科技创新的主体力量,其所研究开发的成果具有前瞻性、创新性。根据相关统计显示,我国高校每年通过鉴定的科技成果达1万项左右,其中30%左右的项目具有很好的推广价值和产业化前景,但目前科技成果转化率仅有10%~15%,大量具有产业化前景的科技成果被束之高阁。因此,高校科技成果转化已经成为高校科研工作的薄弱环节。"校企协同"科研平台建设与运营,有助于企业与高校共同开展科学研究,有效降低了企业科研成本,提高高校科研成果的转化率;有助于高校开展联合研究,提升高校学科整体水平;有助于企业与高校有的放矢地开展研究工作,助推区域经济整体发展;有助于高校开展人才培养模式改革,提升人才培养质量。

(一)"校企协同"科研平台建设与运营,有助于企业与高校联合开展科学研究

随着我国社会经济与教育事业的快速发展,我国企业的经济实力与高校的人才队伍分别得到长足提升。但是,我国的科技成果转化,并不与其相媲美。特别是高校,虽拥有大量的科研成果,但是转化率并不高。究其原因,主要在于高校研究成果与企业发展需求不相适应,无法实现有效转化。如果企业与高校能够有效融合,有的放矢地开展科学研究,理实结合,共同攻坚克难,必然能够促使科技成果转化率得到有效提升。"校企协同"科研平台建设与运营,有利于高校与企业资源共享、协同发展,实现多元合作、共同开展科学研究的目标。高校与企业通过开展有针对性的研究平台建设,实施有针对性的科学研究,能够提高科研成果质量,确保科研成果得到有效转化。

(二)"校企协同"科研平台建设与运营,有助于高校开展联合研究

"双一流"建设离不开高水平科研的支撑,通过"校企协同"科研平台建设与运营,能够有效开展产学研合作,提升高校科研水平。高校作为科技创新的主体力量,其所研究开发的成果具有前瞻性、创新性,是国家重点战略发展与科技进步的主导力量,合理利用"校企协同"科研平台,能够推进高校与高校、高校与企业、高校与政府等积极合作,联合开展科技创新,互促共进,服务社会,助推高校学科建设与国家经济发展。"校企协同"科研平台建设与运营,有助于高校开展联合研究,发挥各自优势,通过互促共进,形成优势资源互补。通过取长补短,不断完成自

身理论与实践水平,提高自身科技创新能力,为"双一流"建设打下坚实的基础。

(三)"校企协同"科研平台建设与运营,有助于高校科研成果转化

科研成果转化与推广是助推区域经济发展和提高高校社会服务水平的重要举措。但是,目前国内高校科研成果转化率并不理想。通过"校企协同"科研平台建设与运营,企业与高校之间可以有的放矢地开展研究工作,降低双方的科研成本,提高科研成果质量。双方通过有针对性地在校内举办科技竞赛等活动,引导教师与学生发挥自身创意、创新能力,为学校参与国家、省、市各类科技竞赛选拔种子选手,为企业提供更有实用价值的科技成果,最终实现校企双赢。另外,通过"校企协同"科研平台建设与运营,企业与高校可实现互联互通,双方共同开展项目需求调研、设计、研究、转化、市场运营等过程,最终实现全过程协同共进,从而提高科研成果转化率,助推区域经济可持续发展。

(四)"校企协同"科研平台建设与运营,有助于高校开展人才培养模式改革

通过"校企协同"科研平台建设与运营,有助于高校开展人才培养模式改革,为学生提供多元的实习渠道,促使学生提早体验职业环境,提早制定好职业生涯规划。"校企协同"过程中,学校与企业共同开展人才培养工作,企业安排高级管理或高技术人员为学生与教师开设实用性课程,有助于学生在校内期间就修读校外实践课程,增强学生的实践经验与技术能力,强化学生的就业竞争能力;另外,有助于学校教师接收校外新生事物,适应社会发展,更新人才培养知识体系,提升自身教育教学实践能力,实现双师素质培养。

三、联合主办学校和二级学院

校企共建二级学院合作模式是一种"双主体"合作模式,是目前行业高职院校普遍采用的一种模式。校企共建的二级学院是指依托高职院校已有专业,校、企共同投资、共同建设、共同管理的股份制二级学院。依据合作内容的不同,我国行业高职院校目前校企合作共建的二级学院大致可以分为三种类型:一是以全日制学生培养为主的二级学院;二是全日制学生培养和企业员工培训并重的二级学院;三是以企业员工学历进修和培训为主的二级学院。它是由高职院校与企业共同投资创建的,一般由企业集团、大型企业或较具有一定实力、资金雄厚的中型企业提供巨额资金,负责办学所需硬件,校园设施、设备,后勤设施建设以及后勤服务等。高职院校主要提供软件建设,即负责办学管理,如教师聘任、人员聘任、教学计划制定、从招生到毕业的整个过程管理等。该办学模式使得有远见卓识的企业投资主体能够从投资高职教育中获得长期的回报;而高职院校也因此可以解决建设资金的不足,从而可以不断增加教育资源,实现自身的发展。

(一)模式的特点

与高职院校采用公办机制和模式举办的二级学院不同,校企共建的二级学院通常具备以下几个特性:

1.投资主体的社会性

校企共建的二级学院是我国高职教育领域内投资主体多元化和混合所有制经营管理模式的一种表现形式。它的投资主体主要是企事业单位以及其他有合作能力的社会机构等,高

职院校多以专项经费给予支持。

2.办学主体的多元性

举办者是两个或两个以上的法人主体。高职院校和合作企业共同拥有二级学院的管理权和支配权。高职院校主要是投入成熟的教学管理经验以及高水平的教师和教育管理人员;合作企业不仅要提供二级学院办学所需的各项条件和设施,还要提供实践教学的师资、实训环境等,参与学院的管理、监督和领导。

3.相对独立性

二级学院与母体高职院校之间不是简单的上下级关系、领导与被领导的关系,而是一种"托管与被托管"的关系。二级学院一般实行理事会或董事会领导下的院长负责制。院长一般由合作企业的高层领导担任,执行副院长由熟知高职教育教学管理的专业人士担任,校企双方各派人员、同时吸收外部知名人士共同成立理事会,负责二级学院的发展规划制定、教育教学改革、人力资源配置、实训实习环境建设、收益分配等重大事项的讨论与决定。

4.合作的全程性

校企双方借助二级学院这一载体实现招生、人才培养方案制定与实施、课程开发、教学评价、师资队伍建设、实训实习基地建设到学生就业等人才培养的全过程合作。

5.合作的针对性

合作的针对性校企合作共建二级学院一般是因企业的需求而产生。其人才培养目标、培养内容等都需要满足企业的需求,具有较强的针对性。

(二)二级学院的利益分配

校企共建二级学院普遍实行的是股份制,企业又是以盈利为目的的。这种盈利至少体现在两个方面:一是企业通过合作可以得到自己所要的技术技能型人才;二是企业的投入(包括人、财、物等)应产生一定的收益。

因此,高职院校在与企业合作共建二级学院的过程中,首先应意识到并牢记盈利是企业行为方式的最原始动机,合作一定要让企业看到利益,并能够坦然接受企业从中获取一定的经济利益(当然,前提条件是合作办学取得了一定的利润);其次,在校企合作协议中就企业在哪些方面可以获得利益、在何种情况下可以提取一定比例的经济利润、提取的比例是多少等问题予以明确规定和约束;最后,解决校企共建二级学院利益分配问题的根本途径是在国家层面制定有关企业投资与高校共建二级学院的管理规定,明确规定企业合作办学中的利润提成比例和条件等,保障企业合作办学的利益。因为国家政策和法律法规的不明朗,往往会束缚高职院校的合作办学理念、办学思路和办学手段等。

(三)二级学院的运行管理

校企共建的二级学院是高职院校的"行政特区"。在总体管理模式上,实行双主体管理模式,并借鉴现代企业经营管理机制,实施二级学院理事会或董事会领导下的院长负责制。理事会由校企双方人员共同组成。二级学院既是学校的教学单位,也是合作企业的组成单位,院长一般由合作企业高层管理者担任,执行院长一般由专业带头人或分管教学的学院领导担任。二级学院领导班子由校企双方共同组成。理事会为二级学院的决策机构,负责指导二级学院的发展,理顺校企合作办学利益相关方的关系,对二级学院的重大发展规划、专业建设、教育教学改革等重点工程进行决策。教学运行管理和学生管理按照高职院校和上级教育主管部门的有关规定由高职院校进行统一管理,企业是共同参与。在财务管理上,由高职院校统一管理,但可实行内部独立核算制度,即二级学院的办学经费独立列账、独立使用,并配有专门的出纳负责账务管理。在人员的薪酬管理上,企业聘请的人员工资和奖金由企业负责,高职院校派出的专任教师在奖金分配上实行"特区制",即将二级学院专任教师奖励与二级学院的收益挂钩,由此可以更好地激发教师的潜能,保障合作办学成效。[23]

第三章　产教融合校企合作实践

第一节　创新体制机制

一、创新办学模式

（一）变革办学思想

高等职业教育的办学思想主要集中在"办什么样的高等职业教育"和"怎样办好高等职业教育"这两个根本问题的认识上。普通高等教育与高等职业教育，普通高等学校与高等职业学校，两类教育的性质功能和两类学校的发展定位，决定或对应着两种不同特点的办学思想。但是，从创办伊始，由于认识模糊和缺乏经验，高等职业教育走的是一条依附普通高等教育发展的模式和道路。在指导思想和办学理念上，普通高等教育的教育观念支配或同化着高等职业教育的发展走势，没有充分发挥其自身的优势。这种发展模式，既不利于其存在上自成一体，也不利于其发展上独树一帜。因此，高等职业院校亟需变革办学思想。

变革办学思想，首要是要摆脱普通高等教育的思维定势和模式影响，突破"学科中心"和"学术导向"的束缚。要遵循高等职业教育的内在逻辑和发展规律，明确培养目标和办学方向。高等职业教育的目的和目标是为国家和地方经济发展培养适应生产、建设、管理和服务第一线需要的数以百万计的应用型高素质人才。从这个观点出发，高等职业教育实质上是以社会需求为导向的就业教育，即培养出来的学生应该是市场上需要的、抢手的、有一技之长的高素质劳动者或技术应用性专门人才。高等职业教育的主要任务是培养技术型和技能型人才，而非学术型人才。围绕技术型和技能型人才培养这个中心任务，高等职业教育要转变教育思想与观念，深化教学改革，树立正确的人才观和质量观，探索建立与之相适应的人才培养模式、人才培养的质量体系与评估制度。

变革办学思想，要树立以服务发展为宗旨，以促进就业为导向的办学理念。高等职业教育的生命力就在于其广泛的社会性、职业性和大众性特征。以服务发展为宗旨，是指高等职业教育要充分发挥兼具经济属性和教育属性的双重功能，主动适应社会经济发展和现代化建设的需要，面向经济建设主战场，面向生产服务第一线，面向社会大众；坚持以服务求支持，以贡献求发展，努力担负起促进经济发展和促进就业服务的两大任务。同时，要按照服务于现代化建设的需要，加快构建灵活开放、特色鲜明、结构合理、自主发展的高等职业教育体系。以促进就业为导向，是指高等职业教育要树立新的发展观和办学观；在市场经济条件下，推动学校发展的根本力量是社会需求。就业是民生之本,事关人民群众的切身利益,事关高职教育的发展方向。在我国高等教育步入大众化发展阶段的新时期,高等职业教育必须与普通高等教育"错位发展",突出就业导向,把满足劳动力市场的需求作为发展的动力,把提高学生就业和创业能力作为改革的方向。坚持就业导向,实际上是高等职业教育的深层次和全方位的思想变革与制度创新,是办好让社会和人民满意的高职教育的出发点和落脚点,是高等职业教育改革与发展的主旋律。

变革办学思想要以提高认识和转变观念为先导。当前,在高等职业教育发展过程中,突出地存在两种模糊认识和观念。一是院校升格风。有的学校认为办学层次越高,水平也就越高,盲目地追求学校升格。二是普教化倾向。有的学校在人才培养中认为基础理论越扎实,学生的水平就越高,因此,片面强调学科教学,教学计划和课程体系只是根据本科相关专业进行删减和压缩,人才培养基本沿用本科模式,变成了"本科压缩型"。这些模糊的办学思想和办学行为归根到底是发展观和定位问题。高等职业教育要适应现代化建设的需要,要有所作为,关键是要科学准确定位,明确发展方向;高等职业院校要摆正自己的位置,找准自己的定位区间和发展空间。从办学实践看,近几年涌现出了一大批发展迅速、社会影响大的高职院校,它们的成长历程表明:学校的品牌和竞争力不是取决于学校的类型和层次,而是取决于办学特色和人才培养质量。

(二)转变办学模式

转变办学模式是体现高等职业教育特点的前提与保证。从内部讲,主要是转变人才培养模式;从外部看,主要是转变办学运作模式。

1.转变人才培养模式

各类教育的功能和培养目标主要是通过人才培养模式来实现的。高等职业教育遵循以服务为宗旨,以就业为导向的办学理念,必须不断地深化人才培养模式的改革。首先,要找准就业市场的需求,做好市场调查,加强市场预测,大力推进"订单式"培养。"订单式"培养模式是实现"产销链接"、多快好省培养人才的有效途径。企业的"定单"不仅仅是一份用人需求的预定单,而是应包括从培养目标、课程计划到教学方法、评估方法在内的一整套订单培养计划。实施订单式教育必须进行专业改革、课程改革、教学组织改革和就业制度改革。这种培养模式有利于学校的人才培养与社会需求的同步,有利于整合企业人力资源与物质资源在办学过程中的作用,有利于有针对性地培养学生的职业能力、职业道德和职业素质。其次,要大力培养学生的职业技能,积极推行"双证书"制度。目前,国家正在大力推进劳动准入制度和职业资格证书制度。职业资格证书将成为社会各行业和用人单位对人才需求和人才评价的重要标码。高等职业教育要以此为契机,把职业资格证书制度纳入培养目标,把职业资格证书的培养模式引入教学计划,把职业资格证书的标准融入课程内容,用资格证书制度推动培养模式的改革,推动教学组织和教学内容的改革。

2.转变办学运作模式

在国家对高等职业教育政策上积极发展,投入上相对有限的大背景下,高等职业院校要增强发展的动力和活力,办出特色和水平,必须坚持走产学结合,内外结合的发展道路,实现办学运作模式的多样化。代表性的办学模式有:①中、高职衔接办学——特点是,稳定生源,贯通培养,目标明确,内涵发展。②依托地方政府办学——特点是,教育与经济结合,学校发展与地方建设规划同步,人才培养与区域产业经济发展相适应。③依托政府业务主管部门办学——特点是,背靠行业,信息通畅,资源共享,保障就业。④依托产业或企业办学——特点是,产业结合,优势互补,共同参与,双赢发展。⑤依托社会力量办学——特点是,吸引教育投资,引进竞争机制,拓展办学渠道,扩大教育资源,满足社会需求。⑥开展中外合作办学——特点是,推进国际合作交流,学习和借鉴国外先进的办学经验,顺应教育国际化潮流。总之,要紧密结合高职教育在人才培养上的行业性、区域性、时段性和外向性等特征,在办学上由过去的自我发展为主,变为以社会需求为主;努力形成政府主导、依靠企业、充分发挥行业作用、社会力量积极参与、中外合作办学等多样化的办学模式,逐步建立与经济多元化和办学主体多元化相配套的高职教育办学体制与发展格局。

3.创新办学机制

国家在大力发展高等职业教育的初期就曾明确指出:要采用新的管理体制和运行机制来举办高等职业教育,实质上,这是给高等职业教育提出制度创新的任务目标和政策空间。处于苗壮成长、发展迅猛阶段的高等职业教育,也最有条件和可能进行制度创新的探索和尝试。

创新办学体制。主要是突破计划经济体制下形成的以政府包揽办学和单一计划办学的格局。今后国家对教育投入的增加部分主要是九年义务教育和高水平大学的建设,在这种现实情况下,高等职业教育的发展必须依靠社会各方面的力量办学,必须依靠学校面向市场经济的自主办学。第四次全国职业教育会议明确了今后发展高等职业教育的总方针是"政府统筹,面向社会,地方为主,依靠企业"。按照这一指导方针,高等职业教育办学体制的创新主要应体现以下方面:第一,政府主导管理高职教育的办学方向和办学思路,重点扶持和推动办好一批示范性的骨干学校,同时探索办学体制的多种实现形成,如教育股份制、一校两制、国有民办、民办公助等试点,发挥政府办学的主体作用。第二,发挥行业、企业在高等职业教育多元办学格局中的作用,提倡校企联合,推进产学结合。第三,发挥新型经济主体办学的作用,主要指大型股份制企业,非国有经济企业及在一些经济技术开发区的中外合资办学。第四,社会力量积极参与,主要指发展民办教育和中外合作教育。

创新院校管理体制。高等职业院校在实现办学主体多元化后,可以通过采取各种政策和措施来规避和防范以上所列的诸多现象,特别是合理地引入市场机制和竞争机制,增强办学成本核算,加快人事管理、干部考评、教师聘任、分配制度等方面的深层次改革,突破管理体制的"瓶颈",激活办学的潜能和发展活力。

创新教学管理制度。一方面要转变教学思想,要改变长期以来强制学生适应学校的教学组织模式,突出以人为本和以学生为主体的教学观,学校要积极主动地满足学生的不同发展需求和兼顾个体差异;另一方面,在教学管理上要减少刚性,增加柔性,推进更加灵活多样的教学管理制度,让学生有更多的自由,能够自主选择专业,自主选择课程,自主选择学习方式,充分调动学生学习的主动性和积极性,特别应重视培养复合型技术人才,提高学生的综合素质,提高学生的职业技能。此外,还可试行弹性学制,提倡工学交替,半工半读,分阶段完成学业。[24]

二、更新管理体制

(一)组织保障的健全

1.有必要建立宏观的职业教育管理机构

在对职业教育发展组织保障进行完善的过程中,我国有必要建立宏观的职业教育管理机构。当前,许多国家都针对职业教育发展建立了宏观性的管理机构,如德国所设置的联邦职业教育机构、澳大利亚所设置的国家培训局、英国所设置的商业、技能与创新部等。这些宏观性的管理机构在制定与职业教育发展相关的政策、决策以及统筹职业教育资源、协调各方主体方面发挥出了至关重要的作用。为此,我国有必要建立直属于中央政府的国家职业教育委员会或者国家职业教育办公室、国家职业教育总局等单位,从而为职业教育发展顶层规划的制定以及职业人才与市场人才需求的对接发挥助力。

2.有必要推动教育管理机制呈现出中国特色

在对专业教师实践能力培养,推动教师进企实训,参与各种实践及生产项目,根据课程教学目标中对教师实践教学能力的要求,高校与企业合作,分别针对理论能力和实践能力进行培养,院校组织教师进行先进教学理念和各种新型教学方法的学习,让教师掌握翻转课堂、微课以及慕课教学方法,能利用信息技术进行实践教学,提高教师的专业教学能力,并转变教师的教学理念和丰富教学方法。企业通过技术人员指导,让教师掌握统一标准的实践能力,促使教师熟悉岗位工作标准,明白学生今后发展的方向和工作能力,进而转变教学方向,依据学生今后发展制定教学方案,面向企业需求展开实践能力。政府在这个实训锻炼过程中需要为双方进行调节以及资金、场地等的支持,高校发展还需政府的大力支持,构建实训锻炼平台,强化教师对学生实践发展的认识,并提高教师的岗位技能,校企双方的协同配合以及政府的加持,构建实训平台,为教师实践教学能力培养提供更多的培训渠道,有利于提高教学质量。第一,完善教师考核制度和激励机制。依据教师的实践能力进行评价和考核,从专业实践特点入手,制定面向教师教学实践能力的测评方案,进行综合性的测评,以此将实践教学能力和教师收入挂钩,实现绩效考核和实践教学能力的联合,进而提高教师对自身实践教学能力的重视。考核内容以产品设计、管理要求以及行业的发展前沿动态等,从生产和建设等多个方面对专业教师进行考核,利用技术专家和学校专业带头人进行实践测试,随机对每个教师进行考核,进而不断提高教师内在动力,积极主动地参与到技能培训和社会实践中,转变传统的教育观念。第二,面向学生职业素养培育,教师需转变自身的身份,从教师转变为职业人,让教师在教学中具有职业态度,形成职业素养,以此加强对学生的职业知识与素养培育。教师通过在真实企业工作环境中形成专业意识,强化自身的实践技能,实践教学能力培养中,要定期进企,并总结和反思,在每一次实践训练中总结、积累教学资源,从而提高自身的教学素养,扩充教学素材库。职业教育发展组织保障进行完善的过程中,有必要推动教育管理机制呈现出中国特色。我国职业教育管理体系的发展,需要对国外职业教育发展经验做出借鉴,但是这种借鉴不能是盲目和不加选择的,而是应当重视根据我国职业教育发展现状、发展需求以及发展方向来体现出借鉴的合理性,并推动我国职业教育管理机制呈现出鲜明的中国特色。如我国立法部门需要以推动我国职业教育的规范化发展为目标,完善职业教育管理法律法规,教育主管部门则需要重视构建激励政策并引导多元化主体参与到职业教育发展过程当中,通过强化职业院校与社会企业之间的合作,有效完善育人标准、推动投资渠道的多元化发展,进而为职业教育的持续发展、良性发展奠定基础。

(二)多元化投入制度的构建

职业教育的发展对于我国社会、经济的发展发挥着不容忽视的推动作用,在构建职业教育发展保障体系的过程中,多元化投入制度的构建能够确保职业教育保持持续发展的动力,为此,对职业教育投入机制进行改革至关重要。

1.我国有必要通过宏观调控提升职业教育投资比例

随着社会发展对职业人才需求的不断提升,职业教育发展所需要的资金需求也不断加大,在此过程中,财政拨款是满足职业教育发展资金需求的重要保障,因此,适当提升财政拨款对职业教育发展的支持力度,是确保职业教育持续发展以及职业教育管理体系得以创新改革的重要支撑。在此方面,政府部门有必要对教育财政拨款进行合理的分配,在满足义务教育资金需求的基础上,将职业教育发展作为投资重点,并通过做好职业教育发展资金需求调研工作,确保投入与需求实现良好的对接。与此同时,政府部门有必要为开展校企合作的职业院校、社会企业提供一定的资金支持,从而推动校企合作深度的强化,进而为职业教育水平的提升构建保障。

2.鼓励社会企业参与教育投资

在多元化投入制度的构建中,激发社会企业在教育投资中的动力,是进一步拓展职业教育资金来源渠道的有效路径。从社会企业参与校企合作的动机来看,社会企业的发展离不开优秀的人才作为支撑,而参与校企合作,能够确保职业院校所培养的人才能够适应企业岗位所提出的要求。当然,为了实现这一目标,社会企业需要在校企合作过程中为职业院校育人工作提供更多支撑。由此可见,充分激发职业院校与社会企业开展校企合作的动机,是拓展职业教育资金来源渠道的有效策略。为此,教育主管部门有必要与社会行业组织开展合作,针对职业院校与社会企业之间的校企合作,成立专门指导机构,从而为校企合作的规范化开展以及合作范围的拓展提供指导,进而确保社会企业能够在职业教育投资中展现出更大的动力。

(三)育人质量保障体系的优化

育人是职业院校的主要职责,而育人质量既是对职业院校发展成效做出评价的重要指标,也是推动职业教育管理体制创新改革的重点,为此,对职业教育育人质量保障体系进行优化至关重要。

1.在对职业教育育人质量保障体系进行优化的过程中,我国有必要针对不同的专业构建统一的育人质量标准与职业技能评价标准。

这项工作的开展不仅能够为职业院校学科建设以及课程设置提供依据,而且能够推动我国职业人才培养工作以及劳动力市场的规范化发展。具体而言,在育人质量标准与职业技能评价标准的构建中,职业院校有必要重视实现专业设置与产业需求、教学过程与生产过程、教学内容与岗位工作内容的对接,并根据社会发展持续更新专业教学标准、课程标准、岗位实习标准、实训条件建设标准等内容、与此同时,在人才质量标准与职业技能评价标准的制定格局中,教育行政部门与社会行业需要构建良好的合作关系,并鼓励职业院校根据自身情况开展标准的自主制定,从而在明确大方向的基础上,确保不同职业院校育人工作彰显出不同特色。另外,如果职业教育育人质量标准与职业技能评价标准的统一化构建工作能够与国际化的职业人才培养质量认证标准实现良好对接,那么对于我国职业教育的国际化发展也能够发挥出重要作用。

2.在对职业教育育人质量保障体系进行优化的过程中,有必要对职业资格考试制度进行创新与改革。

从当前我国职业教育发展现状来看,育人工作与日常考试工作都由职业院校负责,而不同的职业院校所具有的育人标准与日常考试标准存在一定差异。因此,职业院校的毕业文凭难以成为对学生进行统一评价的通用砝码,针对这一问题,我国职业教育有必要施行教育与职业资格考试分离的人才培养制度,即职业院校负责开展教学工作,而职业资格考试则统一、单独进行,职业资格认定标准可以由职业院校、用人单位、政府部门共同制定。另外,职业院校有必要对 1+X 证书制度进行实践,即在确保职业院校学生获得学历证书的基础上,鼓励职业院校学生更多地考取职业技能等级证书,从而有效推动职业院校学生创新创业能力的提升,进而缓解职业院校学生所面临的就业压力。与此同时,这种制度的顺利落实,对于有效深化复合型技术技能人才培养工作进程、实现我国职业教育与国际职业教育的对接也具有不容忽视的意义。[25]

三、实施三教改革

"三教"改革是一项复杂的系统工程,不仅涉及学校,而且涉及企业,必须调动教师、学生、企业参与改革的积极性。高职教育想要达到"引领改革、支撑发展、中国特色、世界水平"的高度,进行"三教"改革,要走产教融合之路。

(一)通过产教融合促进"三教"改革

1.紧抓"产教融合"

《职业教育法》用 9 处"鼓励"、23 处"应当"和 4 处"必须",进一步提出了产教融合的举措。我国已初步形成订单式人才培育、校企合作、产教融合、集团化办学、现代学徒制人才培养模式等多种形式并存的高职发展模式,"职教 20 条"为我们指出在今后一段时间内坚持"产教融合"的方向保持不变。

2.以课程改革为背景进行"三教"改革

"三教"改革是一个系统工程,教师、教材、教法要统筹规划,不可分割,必须以课程建设为背景,将其作为教学改革的集成点。如果不结合课程改革,无论是哪种创新形式的"三教"改革都是空谈,都不能体现职业教育的类型特点。

3.以"产业需求导向"引导"三教"改革

依据成果导向教育理论,以学生的发展为教育目的,将行业需求、产业需求作为思考的起点,进而设定毕业生毕业条件,促进人才培育方案建设改革。"三教"改革的目的就是提升学生的综合职业能力,产业对职业能力的评价最科学、最彻底、最公平。以"产业需求导向"引导"三教"改革,为课程配备最专业、最懂行的老师、师傅,使用最对口、最快上手的教材,用最灵活、最合适的教学方法激发学生的专业兴趣与专业潜能,培养新时代的大国工匠和建设者。

(二)校企共建管理机制,保障"三教"改革

实施以产教融合、校企合作为途径,通过共商、共建、共享,建立科学、高效的"三教"改革管理体制,确保"三教"改革高质量实施和改革目标的顺利达成。

1.运行机制共建

第一,共建组织机构。校企共建"学院——二级学院(部)——专业"三级组织机构。学院层面成立"三教改革工作指导委员会",由校内专家、企业专家和职业教育专家组成,负责制定"三教"改革规划和进行建设指导、资源配置、质量整改;成立"三教改革办公室",挂靠教师发展中心或教务处,负责从教师团队建设、教材建设、教学方法改革三个方面制订具体的实施方案。各专业组建"三教改革创新团队",以校企混编教学团队为主体,以课程、教材建设为核心,以教科研项目为抓手,全面提高人才培养质量。

第二,落实保障经费。设置"三教"改革专项经费,制定《三教改革建设项目立项及经费使用管理办法》,分年度统筹考虑"三教"改革建设项目各类经费的合理安排,提高经费使用绩效;重点支持产教融合、校企共建的"三教"改革项目,鼓励企业参与"三教"改革项目建设。

2.激励机制共建

完善业绩导向的聘用、晋升和分配机制,修订《学校绩效考核及分配方案》和《教学建设项目奖励与管理办法》,把教师在"三教"改革中承担的教学和教研任务纳入工作量,并在绩效考核、评先评优、职称晋升等方面给予适当倾斜。合作企业也需同步制定《参与"三教"改革企业人员的工作量认定办法》,鼓励更多的企业人员积极参与"三教"改革工作,保障校企混编教学团队的稳定。

(三)校企共订改革方案,绘制"三教"改革蓝图

学校必须与企业共同制定目标、设计实施方案,系统推进"三教"改革。

1.实施教学团队锻造工程

高职院校与行业龙头企业合作,组建校企混编教学团队。同时,鼓励学校教师下企业实践锻炼,与企业团队共同进行技术革新和产品研发;提高学校教师对科研成果转化的重视度,鼓励学校教师将科研成果转化为教学内容,以科研反哺教学。以学习成果为导向组建梯度教学团队,采取多样灵活的教学方法要以学习成果导向理念指导教学,重视学生成果,设计多元评价量表。教学过程灵活、多元、个性化,学院可以组建梯度教学团队,让教师各展所长,让学生尽显其才。

依托省级"双师型"教师培养培训基地,校企互育共培,培养能教、会做、擅长科研的"双师型"教师,建立数量充足、专兼结合、结构合理的师资队伍。按"1环3阶"路径打造团队。1环:"学校—企业"职业闭环;3阶:在职教师和企业教师分别走"教师——技师——导师"和"技师——教师——导师"的三阶递进的职业能力提升路径。专业教师下企业、能工巧匠进课堂,在实现角色转换晋升后,各自成长为学生职场生涯的导师,为学生就业、择业和创业提供资源和指导。

(1)加强师德师风建设,强化立德树人。校党委教师工作部统筹推进教师思想政治工作和师

德师风建设工作,全面加强党对人才工作的领导。健全机制,推动师德建设常态化、长效化。通过宣传师德典范、树立师德楷模、讲好师德故事、强化师德考评等活动,用典型带动、先进引导、榜样鼓舞,引导全体教师以德立身、以德立学、以德施教、以德育德、立德树人,争做"四有"好老师。

(2)创新制度机制。建立灵活用人机制,完善人才引进、培养和激励制度,优化人才成长环境;加大高层次人才引进力度,优先引进区域产业布局和发展所需要的专业领军人才和高端人才,打造一流教学团队。健全兼职教师的聘任办法,推动校企职员的双向流动,加大企业人员来校顶岗教学力度。

(3)强化师资培训。以校企共建专业为抓手,以模块化课程的构建为引领,按各模块的核心要求培育教师专业素质和职业技能。专业素质方面,加强教学、科研团队建设;注重专业群带头人和骨干教师培养;鼓励教师跨学科攻读学位、跨专业开展科研,取得国家职业技能等级证书;鼓励校企双方人员合作开展项目研究和技术服务,提升创新能力。

职业技能方面,鼓励教师参与国内外研修和到企业挂职,五年内完成全员轮训;孵化省级"双师型"培养基地,积极申报国家级"双师型"培养基地。

2.实施优质教材建设项目

第一,建立教材选编与监管机制。充分发挥"三教改革工作指导委员会"和企业在教材选编、教材使用与监管中的作用,建立常态化的教材编写、选用审核与质量评价机制,提高优秀教材选用率。

第二,校企合作共同编写教材,倡导使用新型活页式、工作手册式教材并配套开发信息化资源。每3年修订1次教材,其中,专业教材随着信息技术发展和产业升级情况及时动态更新,实现职业教育与产业发展同频共振。学院专门联系教学改革先锋,与其建立长期合作关系,参加工作室举办的教材编制培训,成员们与指导教师也有密切的联系。学院在编制每本教材时都邀请了校企合作单位加入教材编制工作,参与专业知识和技能点与专业标准对接、项目设计等过程。为了更真实地模拟工作环境,个别教材的项目来自企业真实项目的直接转化。

第三,采用适合1+X证书的项目式、模块化、工作过程式的教材编写模式。教材应融入1+X证书要求的专业知识和技能,多引入典型工作案例和实践操作内容。第四,构建"底层共享、中层分立、高层互选"的专业群课程体系2020年的人才培养方案修订以OBE课程体系研究为基础,构建了"底层共享、中层分立、高层互选"的专业群课程体系。以物联网应用技术为核心的新一代信息技术专业群包含八个方向,所有专业课程进行整合重组,构建三层课程体系:选取五门课程作为专业平台课,可做各个方向的底层共享课程;搭建一系列特色鲜明的专业课程模块,组合构成各个方向课程体系的中间层;设置专业体系高层互选课,为学生提供更深入的专业学习,同时也为学有余力的学生拓宽专业面提供平台。

(四)校企共探改革之路,推动"三教"改革创新

校企共同开展"三教"改革,以信息化为突破口,提高教师专业水平和教学能力。

1.实施"三个一"工程

校企共建集培训、交流、分享于一体的"教师教学能力培训线上平台",对教师开展持续性、全覆盖的教学能力培训,实施分层分类培训,保证教师教学能力持续提升。实施教师教学能力提升"三个一"工程。

（1）一个企业。每个教学团队对接一个行业龙头企业。教师团队为企业开展项目攻关、技术研发、人员培训，企业深度参与学校的课程建设、教材建设和教法改革。

（2）一门金课。产教融合共建共享在线开放课程，要求各专业建设一门以上省级在线开放课程；80%以上的专业课程基本实现线上线下相结合、理论案例相结合、课上课下相结合。

（3）一次比赛。要求教学团队积极参加教师教学能力大赛或者指导学生参加专业技能竞赛，并以每年省级以上大赛经验为依托，开展"教师教学与发展系列讲坛"。

2.建设智慧型教学环境

以学生发展为中心，通过教学改革促进学习革命，积极推广小班化教学、混合式教学、翻转课堂，大力推进智慧教室建设，构建线上线下相结合的教学模式。根据不同专业教学的需要，加大云计算、大数据、虚拟现实人工智能等新技术的应用，体现产教融合、校企合作，构建面向未来的智慧学习环境，拓展学生立体化学习空间；鼓励教师在教育教学中积极应用现代信息技术，提升教师信息技术应用能力。

3.提升课堂教学效果

依托企业资源，推行项目教学法、案例教学法等，实现"做中学、学中做"。设置学科基础课程、专业必修课程和专业选修课程，鼓励学生跨院系、跨专业选修课程，以满足学生发展多样化需求。基于工作过程，校企合作共同开发课程，实现岗位标准和课程标准的对接，使教学与生产紧密对接，培养零距离上岗人才。

"三教"改革不仅是一种教学改革，更是一项实践性研究，需要以科学的教育理论为指导，要结合中国职业教育特点，探索一条激发职业教育动力，惠及学生、教师、企业、社会的创新之路。在这个过程中要紧扣"产教融合"，让我们的高职院校焕发出独特的职业之光，为国家培养高素质的技能英才。[26]

四、完善科研培训

新时代提升职业教育科学决策、科学管理、科学实施的能力和水平，推进治理体系和治理能力现代化，迫切需要进一步加强职业教育科研工作。职业教育科研要落实好陈宝生部长强调的"注重理论创新，满足教育事业发展需求。注重成果转化，切实发挥教育科研作用"的要求，为加快推进职业教育现代化、建设教育强国、办好人民满意的教育提供强大的智力支持。

（一）科研在高职院校专业教学改革中的作用

对高职院校来讲，科研既不是大学研究机构所从事的基础性研究，也不是企业为改进生产工艺和提高效率的技术革新，而是要结合所在地区、所属行业及合作企业开展的应用型技术开发，以面向行业、企业开展技术服务为目的。

1.横向科研课题可以推动双师教学团队的建设

在高职院校中，双师素质教师队伍建设是提高教育教学质量的关键。开展横向课题研究可为提高教师实践教学水平提供有效途径，教师可以及时顺应专业学科的最新发展动向和趋势，培养和带动专业教师钻研理论、提高专业教学的针对性。同时，横向科研课题面向行业、企业，解决企业的生产技术难题，开发新产品，有利于教师积累生产一线的实践经验，也为校企深度合作提供契机。

2.科研与教学的有机融合可以实现真实项目下的教学内容的改革

高职院校与企业合作,在教学过程中选择对企业生产任务、技术难题有应用价值的科研课题,或与企业合作申报课题,将科研课题引入到教学中,以学校教师和企业人员为主,学生为辅,共同完成,可实现真实项目下的教学内容改革。这样,教师边实践、边教学,并在实践中不断提高,随时可以将自己掌握的专业技能补充到教学中。此外,学生通过做一些小型的、生产企业急需的检测性课题,既可以提高学生分析解决问题的能力,也可以促进技能强、有创新意识的优质毕业生的培养,也有利于学生就业。

(二)推动高职院校科研创新

1.深化重大理论问题与实践问题研究

坚持立足中国大地,努力解答好职业教育发展中全局性、方向性和根本性问题,面向职业教育教学改革一线,聚焦重点领域和重大问题开展研究。要开展习近平总书记关于教育的重要论述研究;聚焦立德树人根本任务的重大理论和实践问题研究;推进类型教育的属性等职业教育基本理论研究;针对国家重大战略和区域发展需求,把握产业发展、技术进步、人口结构等大趋势,加强基础性、战略性、前瞻性的职业教育政策研究等。深入开展国家治理体系与治理能力背景下职业教育治理体系与治理能力现代化研究;加强产教融合、校企合作、工学结合、知行合一研究;深入研究职业教育国家制度和标准体系建设;研究职业教育落实劳动教育的方法路径等等。

2.注重应用力推成果实现"四个转化"

职业教育科学研究要在"四个转化"上下功夫,为新时代职业教育改革发展"画好图"。要把握新时代对职业教育事业发展提出的新要求,紧密联系实际,落实立德树人根本任务,增强科研成果转化意识,把理论、方法、政策措施有机结合起来,推动教育科研成果及时有效转化为教案、决策、制度和舆论。完善职教科研发布制度,拓宽成果转化渠道,及时宣传优秀成果,推广应用成果。建立有影响力的推广平台,加大职业教育教学成果奖、教材奖、教育科学研究成果奖的成果推介力度。完善职业教育决策意见征集和专家咨询制度。加强对科研成果的知识产权保护,加大科研成果转化的奖励激励。

3.强化保障加强职教科研体系建设

各级教育行政部门要从全局的高度充分认识职业教育科研工作的重要性,切实重视发挥职业教育科研的作用,加强对职教科研工作的指导和支持。进一步健全国家省市三级科研机构。根据职业教育发展规模与需要以及工作职能,明确教科研人员条件,科学合理配足人员。创新职教科研经费投入机制,探索建立多元化、多渠道的投入体系,探索建立政府购买咨询服务制度,提供相应的经费保障。完善教育科研成果表彰奖励制度,加大奖励力度,对长期潜心教育科研的团队和个人进行表彰奖励,更好帮助职业教育科研工作的发展。

4.完善科研协同创新机制

重视加强不同类型、不同层级职业教育科研机构的协同创新,构建上下联动、纵横贯通、内外合作的协同创新体系,促进交流共享、资源整合,全面提升职业教育科研战线协同攻关能力。推动搭建全国职业教育数据信息平台,建立全国职业教育数据公开共享机制;搭建全国职业教育调研平台,聚焦职业教育重大决策部署实施情况和重大现实问题,协同开展全面深入的调查研究;搭建国外职业教育信息综合平台,充分发挥驻外使馆相关处室职能作用。推进全国职业教育研究管理平台建设,统筹管理和使用职业教育重大研究成果。

高职院校教学改革的方向是培养适应企业生产岗位需要的高技能人才,而职业培训是为提高企业岗位人员工作能力开展的,两者相互补充、相互促进。

(三)高职院校产学研合作平台与职业培训链的建立

企业自身有追求技术进步的内在需求,不仅在人力资源方面,而且在生产技术、工艺、管理及产品质量提高等诸多方面,都有与高职院校合作的基础。企业技术中心与高职院校实训基地实现合作开发,不仅可以使实训基地凸显先进性和实用性,还能够提高设备的利用率。企业技术人员和教师共同参与课题研究,其成果能够及时运用于实际生产,能产生显著的经济效益,从而达到深层次校企合作的目的,同时也带动了双师型师资队伍建设、实训基地建设,推动了运行机制和模式的改革,有利于实现校企的长期合作。在产学研合作平台上,高职院校通过培训链和技术中心与行业、企业建立起紧密合作关系。来自企业的员工培训项目和实用技术研究课题,通过利用学校和企业不同的教育教学资源。高职院校培训、科研与产学研合作平台的建设同完成,从而形成校企互动、资源共享、成果分享的良性循环的产学研链条。产学合作注入了实质性内容,必然会产生明显的社会和经济效益,确保产学研平台搭建在坚实的基础之上。

目前,高职院校已从为受教育者提供教学服务转变为为受教育者提供持续性的支持:不仅要提供一次性的培训,还要长期满足学习者的需求;不仅要满足学习者个人的需要,还要满足包括企业、家长及社会的需求。但高职院校还不能完全满足所有教育培训的社会需求,主要问题是专业课程不符合需求及质量欠佳。而高职院校单方面通过扩大规模及购置设备,又必然会受到资金的限制,因此,谋求与企业的合作或协作,就成为高职院校有效利用有限资源的途径。

1.职业培训链的建立

高职院校是有计划、有组织地进行系统的教育及培训的机构,独立承担教育及培训任务,并且能够做到自我控制,但与企业的联系较少,制约了培训的针对性。而培训链可以解决合作不够和针对性不强的问题。由职业院校、行业管理机构、企业及企业培训部门组成的松散性组织,各组织成员具有协作关系,能够共享知识和教育资源,并能协同提供多种多样的教育培训服务。培训链可以最大限度地发挥各成员单位的优势,通过提供综合化的教育培训服务,满足社会、行业、企业及个体的需求,实现培训链中各个合作单位自己的目标。

2.学校在培训链中的地位和作用

实力雄厚的综合性高等职业院校,在其所服务的职业领域内具有较强的教学能力和丰富的教学经验,同时也具有明显的区域性和专业性,能够获得政府较多的支持,可作为职业培训链的核心机构。其他合作企业与核心机构的关系相对灵活,并且都具有某方面的特色,它们在职业学校开设新专业及联合办学时,能够给予高职院校足够的支持和帮助。[27]

五、改革评价体系

校企合作的目的是做到学校培养出的人才是符合市场和社会需求的人才。但构建职业教育校企合作的深入发展是漫长而艰辛的路程,它不是一蹴而就,敲锣打鼓就能实现的,它需要学校、企业、社会、国家、学生等多方面的支持和配合,需要多途径同时推进。校企合作评价体系由于出现了诸多问题,导致校企合作中存在很多不良现象,不利于校企合作的进一步发展。

(一)完善评价体系

1.完善评价体系

职业教育注重技能的传授,在学习基础理论知识的同时将实践纳入学习当中,使学生能够在学生阶段即学会知识又掌握技能。校企合作符合社会需求,它做到了与市场接轨,使理论和实践结合到一起,有利于培养与时俱进的人才。校企合作并不只是学校和企业简单的合作,它涉及多个主体、事关多个维度,所以不能用简单的直线关系来评价校企合作不能以单一的内容作为评价的标准,多方面的评价内容有利于形成科学的评价体系。同时,评价的内容应该有代表性,既覆盖面广又不重叠;既清晰,又不繁琐。评价结果一定要公平客观,要有评价数据证明。

校企合作的目的是促进学校和企业的双赢。学校能够培养出市场需要的人才从而获得社会的认可,企业能够招到符合企业发展需求的人才促进企业的发展,两者的目的都能通过校企合作进行完成。校企合作的评价体系是促进校企合作健康持续发展的重要因素,所以必须完善和健全职业教育校企合作的评价体系。表达校企合作的评价方式。建立一个完善的评价体系应该是全方位、多层次、系统性和完备性兼具的评价体系。从多维度来评价,既关注空间维度又关注时间维度,并使两者相互交融,用动态的眼光评价校企合作。

2.学校和企业同时为评价主体

校企合作的关键就是学校和企业的默契,学校和企业都是评价的主体,两者应该建立起公平、真诚的合作关系,进而形成科学合理的评价体系。学校可以对校企合作中企业的表现进行评价,企业也可以在校企合作中评价学校的表现,两者基于共同进步的目的进行评价,形成的评价体系对校企合作的健康持续发展有着重要意义。通过互相评价可以发现校企合作中的问题,通过发现问题、分析问题、解决问题,促进校企合作,防止资源的浪费,减少不必要的损失。

3.构建明确的评价体系原则

评价体系涉及多方面,包括评价的目的、内容、结果等。评价的目的一定要明确。评价的目的就是校企合作要实现的目标,校企合作应该以提供企业效益、提升学生能力、促进学校发展为目标,这样就有利于对校企合作的结果进行评价,有利于明确评价的标准;评价的内容一定要全面。

(二)构建产教融合评价体系

1.基于科学、系统评价要求,明确产教融合评价体系的设计原则与框架。

第一,明确产教融合评价体系的设计原则。一是坚持评价指标差异性原则。受地域环境、教育理念等因素的影响,我国高职院校的办学背景、办学水平、专业设置、课程体系以及生源质量区别较大。因此,必须根据专业与课程的不同,确定差异性的评价指标,以更好地实现人才的个性化发展。二是坚持定性与定量评价相结合原则。定性分析主要是在评价主体主观分析的基础上进行的,对在复杂环境下的评价活动具有较高的实用性,但由于个人主观认知不同,定性评价结果可能存在较大的差异,其客观性与准确性难以保障。定量评价中的量化指标受主观因素的影响较小,可以较为准确地反映考核结果。产教融合评价体系应尽量通过量化指标衡量结果,对于师生满意度、企业满意度等不容易被量化的指标可采用定性评价,以保证评价结果更为客观、合理。三是坚持开放、多元的设计理念。高职院校既有"教育性"特点,也有"职业性"特点,更重视实践教学在人才培养中的作用,评价体系要同时兼顾一般性与技术性指标。因此,高职院校要秉持开放、多元的设计理念,在认清自身优势的基础上,借鉴国内外职业院校的经验,构建具有本校特色的评价体系。

第二,确定产教融合评价体系的基本框架。产教融合是一种长期、复杂的人才培养模式,在建立评价体系前,要分别评价各环节的工作。已经采用产教融合人才培养的高职院校,要对学生、师资、教育教学、人才培养成效进行评价。基于此,产教融合评价体系的基本框架主要有两方面:一是横向来看,高职院校、政府、行业企业、学生各派代表建立产教融合办学部门,由该部门统筹协调各评价执行主体分别制定评价维度。二是纵向来看,评价执行主体可以分为行业指导委员会和校内监督小组,分别制定项目审批、实施过程以及实施效果的评价流程,完成反馈与优化的过程。

2.结合实际教学与生产实践,明确技能、素质、价值为主要评价内容。

第一,高职院校教育质量评价体系应包括学校理论教学、实践教学等多方面评价内容。在学校教育教学方面,高职院校要立足职业教育的特点,加大对学生理论知识运用、实践技能水平等内容的考核,并将学生在实践过程中展现的团队协调能力、职业精神等纳入评价体系。教育质量评价体系还要考虑产教融合项目申报和实施等方面的投入、课程目标、课程教学效果等,将相关因素纳入教学质量评价体系中,进一步丰富评价内容。第二,将企业价值的实现纳入评价体系中。在产教融合模式下,产业与教学相互支持、相互促进。在设计教育质量评价体系时,要考虑到企业价值的实现,即教育教学工作与企业生产经营活动的融合度,学生实践学习与实习阶段在企业工作的适应期,学生实训阶段的实训报告以及为企业所创造的价值等。

3.从办学参与主体角度出发,构建产教融合教育质量评价指标三级结构。

在确定产教融合评价体系的基本内容后,要根据不同的参与主体设计评价指标。具体而言,要将学校评价与企业评价作为一级评价指标,并对两个一级评价指标进行分解,综合考虑企业参与办学的投入与效益,学校作为育人主体的投入、过程与效益等。

从高职院校角度来看,在产教融合办学中需要投入大量的科研人员、试验场地与设备,在合作过程中主要考察师资队伍建设、教育资源共享程度等,合作效益可以从学生实践能力与就业竞争力等方面体现。从企业角度来看,企业参与产教融合需要投入大量资金、生产设备、合作项目、技术研发人员,在合作过程中主要考察仪器设备利用率、项目成果数量以及项目产生的利润等。基于此,产教融合评价体系二级指标可以分为两部分:高职院校方面包括高校投入试验仪器、高校投入科技人员、师资队伍、教育资源共享、产生的科研成果、协调组织情况、学生就业能力、合作发表的学术成果,投入方面二级指标权重比为30%,合作过程相关指标权重比为40%,合作效益指标权重比为30%;企业方面包括企业投入资金、投入设备、实训基地建设情况、科研人员投入情况,合作过程评价指标包括设备利用情况、技术开发与应用情况、项目合作情况,合作效益二级指标包括合作利润、产生的高技术产品数量、吸收的专业技术人员等,投入方面二级指标权重比为30%,合作过程相关指标权重比为40%,合作效益指标权重比为30%。

在确定二级评价指标后,要进一步量化二级指标并确定三级评价指标,如高校投入科技人员采用相关人员投入占学校科研人员的比例进行评价;师资队伍建设情况采用"双师型"教师比例高于 50% 的指标进行评价；协调组织采用是否建立专家工作室进行衡量；企业合作项目情况以合作项目数量、合作中知识产权授权数作为评价指标；合作利润以企业通过合作产生的利润值作为评价指标。

4.基于不同办学主体的作用，优化产教融合项目过程实施环节评价体系。

企业、学校、政府等主体都是利益相关者，受多方因素的影响，高职院校与企业合作的广度与深度不足，企业深入参与产教融合的动力不足，政府难以充分发挥其协调作用。因此，政府应考虑是否制定了推进高职院校产教融合的政策，相关政策是否可行，是否为高职院校产教融合的开展提供了足够的教育经费，是否为高职院校与企业之间的沟通与交流提供了平台等。高职院校与企业要对双方合作情况进行客观评价，是否在科研方面进行了合作，高职院校是否设立了独立的部门管理合作事务，企业是否按照协议提供了资源，企业是否为高职院校专业设置与课程建设提供建议等。此外，行业组织在推进职业教育产教融合中也有着积极的影响。如果高职院校与行业组织合作育人，需要考察行业组织是否为高职院校提供了行业市场信息，是否定期发布了行业需求预测，是否参与产教融合课程建设等。

5.基于产教融合的特殊性，构建多元评价主体的产教融合教育评价体系。

高等职业教育的质量提升，不仅需要内部质量保障体系的支持，也需要外部监督的介入，只有这样才能客观看待产教融合中出现的各种问题。高职院校要引入企业、行业组织以及社会第三方评估机构对人才培养各环节进行评价与监督，通过不同的评价主体以及差异化的评估方法，了解产教融合人才培养过程中的不足，并与其他评价主体共同整理、公示学校的教学与科研数据，进行数据反馈与分析。在课堂教育教学方面，评价主体不能仅局限于学生与领导，还要邀请企业、行业组织等对教师的教学态度、教学内容与行业情况的契合度、教学方式的科学性与适用性等内容进行评价，从行业角度为课程教学提供信息反馈，从而实现专业教学与岗位工作内容的对接。企业导师对学生以及教师工作态度、学习成果、能力素质水平等方面的评价，不仅使学生和教师更全面地了解自身不足，也有利于学校及时调整人才培养计划。[28]

第二节　转变合作方式

一、专业产业对接

（一）转变观念，提高认识，把专业链、人才链与产业链对接作为职业教育改革发展的战略重点

党和国家十分重视大力发展职业教育。促进职业教育加快发展，并努力建设好全国职业教育改革创新示范区，为全国职业教育改革发展创造经验和提供依据。在国家和市的决策规划中，都非常强调职业教育以需求为导向，需求包括产业调整升级的需求，包括优势支柱产业、现代服务业和战略性新兴产业的需求。服务于这种需求是职业教育改革发展的主要任务和目标，

是生存发展的源泉。职业院校必须转变观念，从以学科专业自身逻辑为依据发展学科专业、培养人才转变到以服务产业发展为依据发展学科专业、培养人才，把服务产业发展实现专业链、人才链与产业链的全面、紧密对接放在职业院校改革创新的战略重点，优先规划，优先发展，优先保障，实现职业教育发展方式的根本性转变，就是以"对接"来引领、促进改革发展。

（二）加强顶层设计，统筹规划，实现专业链、人才链与产业链的有序有效对接

加强顶层设计、统筹规划就是全市性的设计，由市委、市政府领导牵头，由市教委率相关部门和院校对全市职业院校的学科专业和人才培养情况进行统一规划调整，按照当地产业结构调整升级的需求和优势支柱产业、现代服务业、战略性新兴产业发展的需求，弱化并逐步停止发展对接不上的专业，重点发展对接上的产业，培育移植未来对接上的专业，按照产业对人才的需求，设计各级各类人才的培养规格、数量和结构，形成一个重点微观规划未来五年、兼及宏观规划未来十年的一个学科专业链、人才链与产业链对接的发展规划。通过设计、规划，使职业院校的学科专业生物医药、高端装备制造提升大型成套设备设计水平和生产能力；积极发展以数字化、柔性化及系统集成技术为核心的智能装备制造；推进新能源汽车应用示范和产业化。节能环保链、人才培养链有序有效地与产业链相对接。所谓有序有效对接就是避免无序无效发展，对于现实需要的专业，不能一窝蜂上，造成过剩和浪费，也避免不顾自身条件和特点，盲目赶上专业，结果质量水平不合要求，造成另一种浪费。实际上，就是职业院校之间根据自身的特点和优势，进行错位发展，别的院校在服务某一产业链上有更大的优势，自己院校就不去盲目竞争发展，或者别的院校在服务产业链的上游专业上有优势，那么自己院校就选择下游甚至中游的产业作为专业、人才对接的发展目标，这种有规划的有序有效的对接发展是至关重要的。

（三）多种方式发展，促进专业链与产业链对接

专业链与产业链对接的发展方式是多种多样的，关键在于对产业链的全面了解和把握。这需要对优势支柱产业、战略性新兴产业和现代服务业的一般链条环节摸清，掌握在这些产业上确立的重点发展链条环节，这些链条环节所需要的学科专业知识和技术，在此基础上，依据职业院校不同性质、特点和优势潜能，确立学科专业链发展的重点专业，使之与产业链的发展需要完全对接，并按规划适度超前发展。在这个过程中，对于不同的学科专业发展状况，应采取不同的发展方式和策略。对于能够对接上的学科专业，就采用扬长（发扬长处）育特（培育特色）发展方式和策略，充分发挥其优势和特色，开辟出为产业链优化发展服务的有效路径；对于与产业链上某一环节相关，但不能独立对接服务的学科专业，就采用多重相关学科专业协同创新发展，这种协同创新发展可以是一个院校内的、也可以是多个院校之间的，从而打破学科专业之间的时空界限，实现协同创新发展，开辟出为产业链优化升级发展服务的新路径；对于产业链发展需要的学科专业缺乏的情况，则采用加快引进移植、培育发展的方式和策略，能够把学科专业与教师一起引进移植的，就一起完成，不能一起引进移植的，就柔性引进教师（不为所有、可为所用，只来弹性工作，不转人事关系），帮助培育发展新需要的学科专业；对于与产业多链条、环节相对接的学科专业链，需优先培育发展，因为成"链"的学科专业具有"链"的系统优势，不仅有助于促进产业链的形成和发展，更有助于学科自身优势和特色的形成和发展。所以

要重视和加强成链学科的创新发展。

(四)多层次发展,促进人才链与产业链对接

产业链的不同环节的企业,对人才的需求层次是不一样的。一般来说,位于产业链上游和下游的企业需要的是创新、创业能力强的层次较高的人才,上游企业更需要研发创新创业能力强的人才,下游企业更需要集合创新创业能力强的人才,而中游企业需要的是操作技能水平较高的人才,这类人才也需要一定的创新能力,但主要是动手制作创新,与上游和下游的人才类型不同。因此,这需要对产业链发展对人才需求的层次、类型做出调查和预测,以此为根据确立职业院校人才链的设计和规划,包括人才的层次、类型等。目前,职业院校大都重视高技能人才的培养,着眼点和落脚点集中在为产业链中游的服务,这与进行的产业转型升级不相适应,尤其与由中国制造大国向中国创造大国转变,努力抢占产业链上游和下游先机与优势不相适应。我们认为,适应产业转型升级的需求,职业院校应及时调整自己人才链的发展目标,加大适应于产业链上游和下游企业需求的人才的培养,特别是加强人才的创新、创业能力的培养,即使是中游企业需要的人才,也需要加强革新能手、能工巧匠的培养,使他们的加工、组装水平能够赶上和超过其他国家。职业院校的人才链涉及从大专到本科、到专业硕士、专业博士的由低到高的链条系列,而其专业博士还是空白,专业硕士数量还较少,这在"制造大国"的阶段是合乎实际的,但是在转向"创造大国"的阶段,职业院校的人才链条应该把重心上移,提升人才培养的层次水平,以适应"创造大国"产业发展的需求。其次,同样对于加工、组装业,也应该迅速提升知识、技术和智力含量,提高加工、组装的科学化、信息化和高质化水平。所以,国家应该在推进建立健全现代职业教育体系过程中,加快发展专业博士人才,加大发展专业硕士人才,并构建与之相适应的完备的高水平新型现代职业教育体系。

(五)完善政策体系,为专业链、人才链与产业链对接提供有效保障

目前国家和地方都从不同方面出台了相关政策,鼓励和支持职业院校实施专业链、人才链与产业链对接,例如天津市出台了相关的促进意见,出台了资金支持、人才就业优先优惠等政策,鼓励和支持职业院校调整发展方式,采取有力措施,促进有效对接。但是,全面分析这些相关政策,存在着体系不完善的问题,或者根本就不成体系,政策与政策之间关联性差,不能形成体系,这就影响了政策支持、激励、保障的效力。从政策体系的角度来说,一是就业保障政策不足,有政策的落实难,没有政策的,也没有积极性制定,例如目前实行的就业准入制度,要求优先保障专业对口、人才层次、类型适合要求的人才录用就业,但实际上可能做不到,甚至相反,做不到缺乏政策制衡;二是专业学习和人才层次提升、类型更新缺乏有系统的持续性动力支持,专业链学习对接、人才链提升、更新对接要有政策激励,例如提升职业职称等级与之挂钩,以激励学生和在职人员自觉主动地深化专业水平,提升人才层次和更新类型,适应产业转型升级的需要。三是对于在专业链、人才链与产业链对接成效突出的职业院校缺乏资金、专业学位点、重点学科点、实验室建设等措施的倾斜支持政策,使职业院校"对接"改革创新持续性动力不足。[29]

二、科研创新对接

(一)完善科研评价机制,激发科研创新活力

1.培育科研创新的内生机制,增强科研工作的成就感

作为特色高水平的职业院校,科研创新应成为教职工的自我需求和自觉行动。对科研工作的激励,应将物质奖励和精神激励结合起来,注意发掘广大教师自我认同和职业使命的高层次需求,最大限度地激发科研创新的动机和热情,使其在积极情绪状态下开展科研活动,并努力取得高质量的科研成果,获得成就感。

2.健全科研激励机制,增强科研工作的责任感

科研激励机制既要有对科研成果的奖励,也要有对不完成适当科研任务的处罚。特色高水平的职业院校,应加大对高层次科研成果和社会服务成果的奖励力度;进一步做好科研和社会服务的"放管服",扶持高水平项目和社会服务工作的开展。同时,进一步完善科研与社会服务的激励机制,形成科研和社会服务活动考核量化指标体系,在绩效工资实施办法中明确规定教职工应完成的科研与社会服务工作量;建立专业技术职务聘期考核制度,按照统一评价标准、统一评价方法,客观评价教职工的科研和社会服务业绩,与职称职务晋升、评优评奖挂钩,进一步增强广大教职工开展科研和社会服务的责任感。当然,在执行量化考核的同时,也应关注教师内在情绪和认知状态的变化,辅之以人为本的柔性评估。

3.完善科研评价体系,强化科研服务的质量观

特色高水平的职业院校,其科研创新应是持续的过程和高质量的成果产出。为此,科研评价体系的进一步完善十分重要。一是在完善现有成果考核评价机制的同时,充分融入过程性评价和发展性评价模式,鼓励承担重大项目、产业发展中的难题;二是将个人考核与团队考核相结合,促使团队成员之间取长补短,开展系统性研究;三是加大高层次立项、决策咨询报告、技术方案等解决实际问题的科研成果奖励力度,树立量质并重、以质为主的科研考核和评价机制。

(二)建立校政企合作的科研创新平台,强化产学研用的融合

当前产学研合作模式已成为协同创新体系中重要的创新机制。特高水平职业院校更应加强与地方政府、产业园区、行业,特别是行业领先企业的深度合作,结合自己的优势专业群,对接科技发展趋势,以技术技能积累为纽带,建设兼具产品研发、工艺开发、技术推广、大师培育功能的技术技能平台,服务重点行业和支柱产业发展。

1.打造校企合作的技术技能创新服务平台

根据地方产业发展需求,结合学校实际,以产教融合的实训基地建设为依托,整合学校、行业、企业的科研资源,建立校企合作的技术技能创新平台。学校一方面应尊重企业协同创新的目标,以产品研发、工艺开发、技术推广、大师培育等为平台的职能,以服务企业市场需求为导向,加强新技术的开发和应用研究,促进企业经济效益的提高。另一方面充分利用合作创新平台的优势资源,与企业实现师资共用、资源共享,提高学校的科技创新能力,推进产学研用的良性互动,增强科研成果对人才培养的支撑度和保障度,促进社会效益和地方经济社会发展的实现,增强技术技能创新平台的凝聚力。

2.建立职业教育的校本研究创新平台

特色高水平职业院校应建立校本研究创新平台,深度挖掘和提炼学校的办学特色,对办学质量进行自我评价,对学校人才培养质量体系建设、产教融合人才培养模式、区域高端产业和产业高端对人才需求的规格等职业教育的热点问题和前沿问题深入研究,为学校中长期发展规划的制定、本校人才培养方案的修订提供依据,为区域产业发展输送需要的技术技能人才,提升职业院校办学定位的科学研究和决策服务水平。

(三)引进和培养科研带头人,强化科研创新团队建设

1.引进、选拔、培育科研带头人

科研创新的关键因素是从事科研活动的教职工,特色高水平职业院校中要有科研和社会服务的"大师"。为此职业院校应加大力度直接从其他高校、科研院所、行业企业引进理论水平高、行业知名度高的科研带头人,培育"大师"。引进的科研带头人应具有良好的研究基础并取得重要影响的科研成果、较强的组织管理能力和团队协作精神;同时根据学校自身实际,选拔学术水平高、创新能力强及发展潜力大的专业带头人作为科研带头人并形成梯队,充分发挥高层次人才的引领作用,进一步促进职业院校教师教学与科研更好地融合;为保证学校科研创新的可持续发展,还要充分发挥教师发展中心的作用,实施青年教师学术带头人培育工程,激发青年教师科研的积极性,开发与提升青年教师的科研创新能力。

2.组建产教融合的科研创新团队

在科研团队建设中,一方面充分依托高水平专业群,整合校内资源,采取跨院系、跨专业灵活的用人机制,加强科研团队建设;另一方面通过校企合作、任务合作等多种形式,将行业企业的优秀人才吸纳到科研团队中来,增强团队的技术创新能力。同时完善创新科研团队运行机制,科研管理等相关部门应做好"放管服",赋予团队一定的自主管理权,将团队成员管理、经费支出及内部考核等交给科研创新团队负责人,规范团队成员的进入和退出,充分调动团队成员的积极性,确保科研团队协同创新能力的提升,并具有可持续发展的活力。

(四)对接产业发展确定研究方向,打造学校技术服务品牌

特色高水平职业院校应是地方社会经济发展不可或缺的重要力量。这一作用的发挥需要职业院校把握发展机遇,对接区域产业和社会发展的需求确定特色研究方向,着力解决生产和生活中的实际问题,并积极培育标志性成果,逐步打造学校技术服务品牌,提升服务发展水平。

1.密切关注企业的技术需求

以技术技能创新平台为依托,整合科研资源和技术优势,形成技术技能创新的合力,服务区域产业龙头企业的发展。特别是要做好与企业的交流沟通,积极争取企业委托项目,有针对性地开展产品设计、工艺开发、技术方案、决策咨询等研发活动,以应用技术着力解决企业的技术难题;同时积极开展现代技术与传统工艺的融合研究,促进民族传统工艺、民间技艺的传承创新,推动中小企业的技术研发和产品升级。

2.加大科研成果的转化力度

通过技术成果的推广转化,推动中小企业的技术研发和产品升级。为此,科研管理部门应积极对接政府相关机构,建立科研成果转化信息平台,并配备具有专业技术的人员进行管理和维护,让企业及时掌握科研成果转化方面的信息,同时让学校及时了解企业对科技需求的变化,完善科技成果转移转化的市场体系,解决学校与企业之间因信息不对称而造成的技术供需矛盾,从而提高科研成果的转化率,提升职业院校服务社会的水平。[30]

三、师资工匠对接

当前,我国高职院校改革的重点在于:如何来有效地培养创新型、实用型的人才,高职院校的教育目的,即是要为社会与企业发展提供高素质的专业技术技能人才。但是,从高职毕业生的社会就业的实际发展与运用情况可看出:高职毕业生在入职之后,并不能较快地进入到工作实际运用状态,大多数毕业生都必须接受单位与企业的再次培训之后。方可适应工作岗位的实际需要。分析其根本性原因,可看出这是在高职教育当中存在实用性教学的缺失,而从某种意义而言,则是因为高职院校教师队伍缺乏技术技能的实际运用能力,因此,在教学当中,偏重于理论知识的教学。即使有一些实践运用教学,却由于教师缺乏实践运用的经验,因此,在实践教学当中效果不佳。这也就直接导致了学生的理论知识与实践运用存在脱节的问题。因此,如何有效地提升高职院校教师自身的综合素质与实践能力,以及通过引进企业员工来高职院校从事短期的技术技能教学工作。就成为了当前高职教育教学当中亟待解决的重点问题。本文重点讨论了行业企业员工与高职教师"双向流动"的现状,并提出具体的存在逻辑与解决策略。

(一)产教融合大背景

当前,我国的企业员工与高职教师"双向流动",即是指在交流人员在保留与原单位人事关系的前提条件下,行业企业员工以短期时段流向高职院校从事教学与培训的工作。在当前产教融合大背景具有下述的现实意义。

当前"双向流动"具有的现实意义:当前,行业企业职工与高职教师之间,借助于"校企人才交流"的良好机制,有效地促进了人才的共享与人才的利用。通过校企之间开展的短期人才"双向流动",能够较好地促进人才的交流、管理水平的提升、技术与技能水平的提升,因此,对于高职院校与行业企业而言,都具有着极其重要的现实意义。

(二)双向流动的必然逻辑

在企业员工与高职教师开展双向流动的过程当中,会由于相关的政策变化而导致出现相关逻辑的变化。从而体现出双向流动的必然逻辑,即为同构逻辑与双向流动政策变化同构逻辑,即为指的是环境在政策领域变迁当中所起到的作用,也体现出政策对于环境的主观性的影响作用。职业教育是一种社会职业教育的重要形式,因此,必然会有社会政治、社会发展、社会经济来直接地影响到相关的职业教育政策的制定、实施、发展的各个方面。具体体现在下述两个逻辑层面:

1.同构逻辑与双向流动政策变进

在职业教育当中产教融合的双向流动政策的发展变进,与我国的社会政治、经济体制息息相关。当前,我国的职业教育发展运行平稳,产教结合的双向流动政策也获得了较好的实际运用。由于同构逻辑会对于政策的创新与发展变化产生制约与影响作用。因此,在当前伴随着全球经济一体化、以及我国社会经济发展的趋势,使得职业教育的外部社会环境产生了较大的变化。从我国传统教育的模式下,由政府来作为办学主体的教育职能开始产生了变化,地方政府与学校具备了办学权力。对于职业院校的发展而言,在获得了办学权力之时,却也不再具有政府与相关部门在以往办学方面的大力扶持的力度。同时,在政府办学指导逐渐退却的发展趋势下,职业教育的发展,更多的会受到市场来对教育资源进行有效的配置,职业教育必须面向更为广泛的教育市场,而普通高校与产业相互紧密联系的实际发展状况,对于职业院校与产业紧密联系的产生了一定程度的影响。因此,在同构逻辑的指导与影响下,必然会对于职业教育产教融合的双向流动政策的发展变化产生了影响。对于职业教育的而言,在缺乏政策扶持的情况之下,以往由政府部门作为产教交流与沟通渠道的效能也已经不复存在,职业院校与行业企业在以往的紧密联系也受到了巨大的影响,因此,政府也针对此种实际发展情况,出台了相关的产教融合的双向流动政策,以有效地促进产教融合的发展,促进职业院校与行业企业开展良好的双向流动。

2.认知逻辑与双向流动政策变进

认知逻辑即为行为人的认知方式在政策变进工作当中会体现出其重要性。因此,对于政策的制定者怎么样进行科学合理地进行政策制定具有现实的研究与实践意义。

我国的职业教育在开创与发展的阶段,在以往传统的计划经济体制下,政府在职业教育当中发挥出了重要的主导作用,政府部门作为产教交流与沟通良好渠道,为高职院校与行业企业相互的交流与产教融合提供了良好的前提条件。但是,计划经济体制下的僵化发展机制,对于我国的高职教育的发展起到了较大的制约与影响作用。而伴随着我国实施改革开放的国家发展政策,在我国开始确立了市场经济体制的确立,在市场主导下来发展职业教育,也成为了我国高职教育发展的指导理念之一。当前伴随着社会经济的发展趋势,职业教育与行业企业之间,在开展产教融合的过程当中较为缺乏创新意识。同时,也具有较强的主观性。因此,双方在产教融合当中会存在诸多的问题,必须有针对性地进行改进与完善,从而让职业教育与行业企业之间,能够在平等互利原则下真正地做到产教融合大背景下的来开展有效的人才双向流动,从而较好地促进双方的合作共赢,并让校企之间获得可持续性发展。

3.职业教育与企业发展之间未能有效地融合

当前,我国的职业教育体系发展亟待改进与完善,职业教育的发展还较多地依赖于政府的政策性指导,教育与产业发展的协同作用还未能较好的体现出来。职业教育的发展具有单一性,也即是高职院校在当前的自主办学的发展趋势下,还固守着教育与教学的发展与社会相关产业的发展割裂开来的传统思维,双方不能进行协同发展、共同提升。也因此导致了高职院校与行业企业的发展处于各自的发展轨道,双方的交集领域较小。在这样的发展趋势下,虽然有产学融合的一些合作,但是出现了形式大于内容的不良现象,从而导致了产教融合背景下企业员工与高职教师双向流动多流于形式主义,未能较好地体现出双方开展产学融合实效性。对于企业而言,企业获得可持续性发展与盈利是企业所考虑的发展的核心问题。而进行产教融合背景下双向流动活动,是企业的一种社会责任以及义务,但是,在当前一些企业却会将其视为一种负担。因此,从企业运营、企业盈利、人力资源管理等诸多方面考虑,企业不愿意与高职院校开展深度的产教融合,由此导致了职业教育与企业发展之间未能有效地进行融合。

(三)当前"双向流动"的意义

1.对于高职院校的意义

(1)可提升高职教师的技术技能实践能力

现今的高职教师大都是"科班出身"的教职员工,具备丰富的理论知识,但是,由于缺乏在企业当中的实际工作经验。因此,其技术技能的实践运用能力相对而言会显得较为薄弱。因此,作为流向企业的高职教师而言,必须在交流学习的过程当中,有效地设定学习目标与任务,例如,可借助于参与企业的非涉密工作,在企业的技术改造项目、企业工艺流程创新运用等工作,通过将自己的丰富理论知识进行实践运用,在工作当中,结合专业理论知识与实践运用层面的心得体会,可向企业提出有益的意见与建议。并在学习当中来有效地获得整体性的提升。

(2)可提升高职教师的教学水平

流向企业的教师,经过实践学习之后。在返回学校执教时,可将企业当中的一些实际案例导入到教学当中,让学生能够更好地学习与理解相关的技术技能的理论知识。同时,教师在教学当中能够更加具有针对性。并会指导学生学习更为有效地实践经验。有助于提升高职教师的教学水平。并能够指导学生如何去开展实际工作,并可进一步讲述专业知识在实践运用当中存在的困难与问题,让学生能够有效地对此问题进行规避。从而使教学工作更具有实效性,也能够较好地激发学生的学习兴趣,让学生通过学习与实践,来有效地提升学生自身的学习水平,增强专业技术技能运用能力。

2.对于行业企业的意义

(1)可学习与掌握最新的理论知识与科研成果

对于企业员工而言,在流向高职院校时,学校通常会安排其负责部分教学工作,如果是高级职称的工程师、技师,也可能会参与高职院校的一些非涉密的教学科研项目的工作,有助于学校的科研团队,能够获取行业企业的实际工作经验,拓展科研团队的成员构成的多样性,使得科研能够更加紧密地结合企业的实际案例与实践运用的经验,让科研更具有针对性与实效性。并可将最新的科研成果,优先实践运用于企业的实际工作当中。从而有效地促进企业产品结构的升级转型,成为促进企业整体发展的重要的外部驱动力。

(2)可有助于企业构建学习型企业

流向企业的高职教师,可充分发挥出自身具有丰富理论水平的优势,可有效地借助于在企业开展专业知识讲座、专业理论辅导等学习与交流的形式,可有助于企业构建学习型企业。并能够进一步增强企业的培训工作的实效性。同时,可将这样的学习交流活动,作为高职院校与企业交流的长效机制,让企业构建理论知识培训的课程,通过流向企业的教师培训的学习与交流,促进企业员工理论知识获得整体性的有效提升。

(四)双向流动的对策

对于当前我国高职院校与行业企业在产教融合背景下双向流动,具有较为广泛的合作领域与良好的合作前景,现对于扩展双向流动提出下述对策,以自身抛砖引玉之见,以供高职院校与行业企业借鉴与参考。

1.构建起双方战略伙伴关系

高职院校与行业企业，可借助于产教融合背景下双向流动来有效地构建起双方战略伙伴关系。通过分析与研究国际产教融合的实际案例，可借鉴与参考其成熟运行的实践经验，可在我国的高职院校与行业企业之间，形成深度的产教融合，通过双向流动作为主体的合作模式，再进一步扩展到校企双方构建起全方位、多领域的全面合作。从而加大产教融合的科研项目合作、实践实训基地建设、教学与运用合作，最终构建起双方战略伙伴关系。

2.必须体现出产教融合重要性

高职院校与行业企业产教融合背景下来有效地开展双向流动，必须在尽力做双方开展深度合作，共同促进相互的发展的前提下来进行有效的推进，从而较好的展现出双方合作的多元化与合作的重要性。在产教融合的过程当中，并不存在"以谁为主导来开展"的说法，而是要体现出双方合作与融合的一致性与平等性，双方应较好地体现出相互学习、相互促进的良好的合作共赢的关系。

3.建立健全双向流动的激励机制

高职院校与行业企业来开展双向流动的合作交流的过程当中，必须与建立健全双向流动的激励机制，从而保持双方长期稳定的良好的合作关系，有效地推进双向流动的稳定运行

4.积极拓展传播途径

宣传和传播途径的拓展也十分关键。在当前科技发达，互联网也已十分发达的时代，高职院校的管理者和教育者应当开放心态，积极利用当前的互联网系统，公开的网络平台，社交平台等等各方面的传播途径，使自己跟年轻人的心理差距缩小，研发出更加接近年轻人心态的更受欢迎的传播模式，微信公众号的兴起便是很好的例子，表明着高校开始将公开的平台当作传播的手段和途径。[31]

四、岗位实习对接

岗位实习是高职院校有效推进工学结合人才培养模式的重要形式，也是培养高技能人才的重要途径之一。目前，高职院校在实施岗位实习实践过程中，普遍存在着符合岗位实习要求的岗位数量不足，与企业的沟通协调不够，管理不到位、实习生放任自流等问题，导致岗位实习达不到预期效果。必须通过不断密切校企合作，在多途径拓展稳定的校外实习基地及校内生产性实习基地，有效增加对口岗位实习岗位的基础上，校企共同加强岗位实习教育和管理，全面做实岗位实习教育教学环节，才能切实有效推进工学结合教育人才培养模式。

(一)主要目标

以就业为导向，通过搭建深层次的校企双赢平台，使学生参与到企业生产一线，并逐步渗透到相关企业的技术部门进行生产实战性训练，尽快适应新知识、新工艺、新技术，实现专业与职业岗位的对接。同时，在企业实习的学生发挥各自的主观能动性，使学生利用学到的知识和技能，要提出一些有利于企业创新发展的好思路、好点子等，从而为促进产业结构升级做出一定贡献。

（二）实施过程

为了适应社会对职业院校人才培养要求,提出"开放式办学"的新型办学模式,实施"订单式"校企联合人才培养。

1.建立健全校企合作机制,开展深层次的校企合作

以"工学一体,德技双优"依托,努力完善学院和企业一起组建委员会和校企合作制度。优选企业专家组成专业建设委员会,定期召开专业建设委员会会议,建立相关过程控制文件和规章制度。制定校企合作管理制度,校企双方共同制订校外岗位实习管理制度,确定学校、企业、学生职责,明确实习内容和考核办法等。

（1）优化整合双方的人员、设备、场地,相互配合,共同承担生产与教学任务。

（2）为合作企业进行订单式人才培养以及开展企业员工技能培训。

（3）从合作企业引进或聘请专兼职教师参与学校相关专业教学。

（4）将企业引入学校参与校内生产性实训基地建设,校企合作开发人才培养方案等。

2.实施校企一体化人才培养

根据学院专业综合实力,主动了解省内外各大企事业单位的用人需求,积极主动地与企事业单位沟通协商,使学生直接学习用人单位急需的职业岗位知识和技能,达成供需共识,签订企业所需的订单培养协议书;明确双方职责,学校和企业共同招生,根据企业用工要求,校企共同制订切合培养目标的教学计划并与企业共同组织实施教学,对学生进行定向培养;企业提供实习教学条件并投入一定资金,用于学校添置必需的教学设施、实习实训场地建设、改善食宿等办学条件和学生专项奖学金等方面;学生毕业并取得相应的职业资格证书后,合作单位优先接收录用学生就业。

（三）条件保障

学院专门成立了校企合作指导委员会,对校企合作工作加以指导和引领。学院各系部还根据各自的专业成立了相关专业的专家委员会,对校企合作工作及具体实施加以指导。利用校企合作专项资金聘请有经验的国内外专家,为师生解析国内外校企合作由于国情、制度等不同而造成的具体运行模式的差异。[32]

（四）实施岗位实习对接的策略

1.多途径拓展岗位实习基地,夯实工学结合教育基础

（1）以社会服务为纽带,拓展校外岗位实习岗位。

学生校外岗位实习岗位选择的恰当与否直接影响着岗位实习教学质量,直接影响着工学结合人才培养模式的最终效果。高度重视校外岗位实习基地的建设,有计划地加强与学校专业相关的,有一定规模、生产技术较先进、管理严格、经营规范、社会声誉好的企业的联系,将其作为重点合作对象,了解其技术及培训需求,通过有计划派出专业骨干教师主动参与技术开发研究或"送教上门"为其开展各类员工培训等途径,增加企业对学校的深入了解,拓宽实习岗位渠道。

（2）以地方商会、协会为依托,开发岗位实习岗位群

实践表明,与单个企业开展合作、拓展高职岗位实习岗位的做法,在高职院校发展初期规

模不是很大的情况下，能基本满足高职生岗位实习的需要。但在高等职业教育大发展的背景下，这种单个企业合作模式已远远无法满足学校的要求，必须创新思路，积极走与地方商会、协会合作之路，大面积拓展岗位实习岗位。学院拓展实习基地的形式，经历了学校和单个企业合作，发展到学校与地方商会、协会等合作，形成了"成片开发"实习基地群的良好局面。以地方商会、协会为依托，成片开发岗位实习岗位群，可同时解决多个专业的岗位实习难题，并便于实习管理，可有效推动工学结合教育模式的实施。

(3)以场地引资源，校企共建校内生产性岗位实训基地。

建立校内生产性实训基地是实现学生岗位实习的途径之一，是校外岗位实习基地不足的重要补充，而高职院校自身建立生产性实训基地面临设备投入、订单、市场以及运行成本等诸多问题，因此，多数高职院校在建设校内生产性实训基地时有心无力。针对这一情况，学院可以充分利用地域优势，积极挖掘办学潜力，多渠道筹集资金，新建实训大楼，筑巢引凤，与企业紧密合作，积极探索校内生产性实训基地建设的校企组合新模式，由学校提供场地和管理，企业提供设备、技术和师资支持，以企业为主组织实训，建立了一批校内生产性实训基地。由学校提供场地和管理，企业提供设备、技术和人员，共同组建了多个生产与实训一体化的实训基地，使校内的学生真正实现顶岗。这种"以场地引资源"的校企共建生产性实训基地的方法，打破了部门、行业的界限，有利于实现资源共享，可充分发挥实训基地生产和实训的一体化作用。在生产性实训教学中，学生真正在生产一线顶岗，感受企业的生产环境，经受实际生产的复杂情况的锻炼；把企业生产线引入学校，变消耗性实习为生产性实习，有效强化了学生的实践技能和就业创业能力，加强了企业急需的高技能人才的培养，节省了企业对场地的投入，实现学校和企业互助互利、双赢共进。

2.加强岗位实习的教育和管理,确保工学结合培养人才实效

(1)重视岗位实习前的教育和学习

高职教育人才培养目标是面向生产、实践、管理、服务一线的高素质、高技能人才。按教育部的要求，高职院校学生的岗位实习实训时间一般不应少于半年，主要集中在大学三年级进行。这种较长时间的岗位实习，要求学生必须尽快适应岗位，做好从单一学生角色向学生加员工双重身份的转变。为了尽快缩短岗位实习不适应期，结合实习生的工作岗位特点进行有针对性地深入细致的岗位实习前教育和培训学习，提高学生对企业和岗位的认识。加强岗位实习前的教育过程中，有针对性地进行三个方面的教育：一是目的性教育；二是责任、义务和权利教育；三是安全教育。在教育过程中，学校特别强调学生在企业岗位实习期间所具有的双重身份，既是学校学生又是企业的准员工(或称实习员工)，为此，必须接受企业与学校的双重管理，并要求学生学习相关企业管理制度及劳动法等有关知识，以对实习企业和自己的工作岗位有比较清醒的认识，缩短不适应期。

(2)加强岗位实习的组织与管理

岗位实习是一门重要的综合实践课程,它由学校、企业、学生三方共同参与,具有管理主体多元化、实习地点分散化、实习内容多样化等特点。为保证高职生岗位实习的顺利、有序进行,保障工学结合教育培养高技能人才富有成效,加强岗位实习过程的组织与管理是至关重要的一环。为此,必须通过构筑规范的岗位实习管理体系、制定及完善相关的管理制度、不断改进岗位实习管理方法。只有从岗位实习指导到学生实习成绩评定等各个环节，都由校企共同组织实施，才能保障岗位实习工作的有序、有效地完成。组建校系二级、校企双元的岗位实习管理机构，成立了实训管理中心，专人负责全校的岗位实习管理事宜，以强化岗位实习的管理；各系成立系岗位实习指导小组；校系二级督导机构设专人加强岗位实习教学质量的监控。学校广泛征求合作企业的意见，校企共同制定并完善了《岗位实习管理办法》等管理制度。各专业充分听取企业建议，根据专业技能训练和就业导向等要求制定及完善岗位实习综合实践课程教学大纲。学校规定学生岗位实习指导实行"双导师制"，明确企业兼职指导教师及学校指导教师的各自责任。针对岗位实习学生越来越分散的实际情况，除保证每个实习学生有企业指导教师外，各系安排足够的校内教师对学生岗位实习进行管理，要求学校指导教师一方面要定期进行现场指导；另一方面要加强与企业指导教师的沟通，并积极运用学校网络教学平台，采取灵活多样的教学模式，充分利用现代通讯、网络等多种方式，加强对学生的指导，为学生辅导答疑；学校规定学生实习期间须定期向指导教师汇报实习情况并定期写出实习总结或心得。学校教学质量监控办公室等部门加强对岗位实习管理工作的督查，及时收集企业、学生、教师的反馈信息，发现问题及时向有关部门反映，共同商量解决办法，不断总结经验，形成能持续改进的岗位实习教学管理机制，保证了岗位实习教学质量的不断提高。

（3）严格岗位实习的考核评价

岗位实习是人才培养的重要环节，必须进行严格的评价与考核，但岗位实习阶段的评价与考核不同于在校内所开课程的考核，这种考核的评价主体应该是校企双方，只有双方共同参与评价标准的制定，共同参与评价过程的实施，才能保证评价与考核的科学性，达到通过岗位实习提高学生技能及综合素质的目的。学院将岗位实习的考核成绩作为学生获取相应学分和毕业证书的必要条件，规定岗位实习成绩考核由校企指导教师共同完成，并对近几年岗位实习的学生及相关实习基地进行调查，对考核评价指标进行了完善。在原有平时工作表现、技能考核、实习报告三部分组成的基础上，增加了校企共同实施的岗位实习答辩考核环节，各部分所占比例依次为30%、30%、20%、20%。企业根据学生工作期间表现进行考评，给定技能评估成绩，校方根据企业评定，并结合学生的实习总结报告及答辩进行总结，评定学生实习成绩。学生考核合格等级以上者获得相应学分并获得由学校和企业共同签发的《工作经历证书》。通过严格岗位实习的考核评价，使学生更加重视岗位实习教学环节的学习，不断提高专业技能和综合素质，从而提高就业竞争力。

3.岗位实习与毕业设计有机结合，提高工学结合培养人才质量。

高职生的毕业设计及答辩，是高职生在校完成所规定课程学习后必须进行的基础理论和专业知识综合运用的训练，不仅是一次专业技能的实践，更是一次对学生独立运用知识解决实际问题的水平和能力的综合性检验。毕业设计和答辩是高职生毕业前必须经历的一个重要的教学环节，在教育教学过程中具有重要的地位和作用。因此，如何使高职毕业生的岗位实习和毕业设计密切结合起来，以岗位实习作为知识、技能综合运用的平台，做到真题真做，实现真正的理论联系实际，有效地进行毕业设计就显得尤为重要。

毕业设计题目大部分由学生岗位实习单位提出，主要是针对企业在生产、科研、管理当中遇到的难以解决的技术性问题，尽量使学生能做到岗位实习与毕业设计有机结合，让学生参与企业的生产、管理实践与技术攻关,并跟踪最新理论、技术、工艺、流程的发展,学校专业教师和企业技术人员共同指导,进行生产各个环节的实战演习,提高学生的综合素质和可持续发展能力。实践证明,岗位实习与毕业设计的有机结合,不但可以提高学生的理论与实践水平,提高学生的专业技能及其应用能力,还可以创造良好的就业机会,为学生就业的双向选择奠定基础;将岗位实习与毕业设计有机结合,还往往能够孕育有较高实用价值和创新价值的技术成果,达到节约生产成本,改进产品性能,延长产品寿命等目的,是推进工学结合提高人才培养质量的有效措施。[33]

五、培训继教对接

近年来,高职院校围绕现代职业教育发展的新任务新要求,深入践行"深化产教融合、校企合作",坚持高职教育、继续教育相互支撑、融合发展。

(一)高职教育与继续教育协调发展,符合国家教育发展战略和行业企业发展需求

1.从国家政策看

一是党和国家高度重视发展职业教育。加快发展现代职业教育,积极发展继续教育,完善终身教育体系的战略部署;要把教育事业放在优先位置,加快教育现代化,完善职业教育和培训体系,深化产教融合、校企合作,办好人民满意的教育,办好继续教育等要求。二是要坚持产教融合、校企合作,坚持工学结合、知行合一,引导社会各界特别是行业企业积极支持职业教育,努力建设中国特色职业教育体系。三是推进产教融合人才培养改革,鼓励行业和企业举办或参与举办职业教育,坚持学校教育和职业培训并举,大力支持行业特色类高校建设等做了要求和部署。四是实现多数职业院校成为行业企业职工继续教育的重要阵地,为加强企业职工继续教育提供有力支撑。

2.从学院自身发展看

坚持"产教高度融合、校企协同育人、教培研一体发展"特色发展模式,深入实施高职教育与继续教育共举并重、融合发展战略,打造职业教育与继续教育相互促进、融合发展的科学发展格局和良好发展态势,既深入践行现代职业教育发展战略,又大幅提升学院办学的活力和发展的动力。

(二)优化组织构架和运行机制,保障高职教育和继续教育联动融化发展

1.一体化的管理体制与运行机制有利于在顶层设计和战略实施层面形成合力。

高职教育、继续教育协同发展并保持强大活力的根源在于一体化管理运行体制。一是学院领导班子"一岗双职"推进继续教育与职业教育同举并重。在组织构架设计和职责分工方面,书记院长同时抓高职教育和继续教育顶层设计和发展战略,班子成员均承担学校和继续教育相关任务和职责。二是职能部门"专业化管理"提升了继续教育管理专业水平。学院以发展需求为导向,积极对接企业,设立培训部、党校相关职能部门、网络学院运管中心、职鉴办公室等一批专业化职能部门,实现继续教育的专业化管理。依托各系部,为教育培训工作专业化提供智力支持。三是教学系部"双职双责"兼具职业教育、继续教育双重职能。学院同时支撑继

续教育和职业教育的特色组织管理架构,有效解决了调用优秀师资难、师资能力与企业实际脱钩、考核激励缺失等继续教育发展难题。四是学院托高职教育资源开展支撑,密切与企业的纽带关系,实现校企的深度融合。学院特色组织管理体系,有效解决校企融合的深层次问题,整体提升教育培训各项事业发展功效。

2.一体化的师资和人才队伍有利于发挥跨界融合效应提高教育培训内涵质量精神,激发和凝聚了全体教职工共同推动教育培训事业创新发展的强大动力。

3.一体化的教育培训资源共享机制有利于避免重复投入和资源浪费。

完善的基础资源,共建共享的资源配置机制,多元化的经费来源渠道,集约高效地保障了教育培训工作实施。一是学院建有完善的教学培训设施,以及网络培训学院、培训管理系统、科技协同创新网等信息平台功能完备,在拓展或升级教育培训功能时,具有完善的资源支撑体系,能有效减少成本投入。二是学院以支撑职业教育、继续教育、科技支撑协调发展为目标,建立了分工明确、相互配合、需求主导、动态调整的资源配置和管理机制,打通了各类资源的共享通道,有效解决了各类业务之间的资源需求矛盾,实现了资源的优势互补、有机融合和高效使用。三是学院一体化的经费保障机制能有效保障财政拨款、教育事业收入、学生学费收入等各类经费向学校人才培养、集中培训、网络学院等核心业务倾斜,提高了资金使用效益效率。

(三)明确定位协调发展,推动高职教育与继续教育互促互进

1.充分发挥高职教育对继续教育的基础支撑和推动作用

高职教育是继续教育发展的基础和源泉,没有高职教育支撑推动,继续教育发展就是无源之水。一是高职教育为在职培训的专业化发展提供全方位业务支持与综合保障。学院教学系部的双重职责为培训业务提供全方位支撑;培训教学师资整合共享,"双师型"教师队伍成为培训师资的"蓄水池";依托系部专业师资团队和科研团队,支撑了教育培训的研发创新,打造了一批具有知识产权的品牌培训项目,持续推动在职培训核心能力的提升等。二是高职教育积累的资源能力支撑了建设和运行。学院集中学校各方面资源力量打攻坚战,使学校迅速形成了干部教育培训能力;移植教学管理经验,迅速形成了学校专业化教学管理能力;依托社科系师资,推动了党校专兼职师资队伍建设和部分课程建设。三是高职教育为网络学院建设与运行提供了强力的技术支撑和资源保障。依托学校专业师资和技术骨干,组建开发建设团队,推动网络学院建设和能力拓展;依托各教学系部持续开展课程开发和维护,实现业务板块资源全覆盖;依托教学系部,开展远程培训、考试竞赛、技能鉴定等方面的教学支持等。

学校教育培训的核心能力取决于一支一体化、复合型的教师人才队伍。一是学院"双师三能"一体化师资队伍有利于"教、培、研"联动发展。围绕融合发展需求,学院健全教师引进、培训培养、考核激励等机制,通过进修培养、项目研发、承担培训任务及企业顶岗实践、挂职锻炼等途径,实现了骨干教师、学术带头人与培训师资的共培共享,培育了一支能教学、能培训、能科研的"双师三能"教师队伍,为职业教育和继续教育的良性互动、可持续发展提供了有力保障。二是一体化师资队伍开发与建设有利于提升队伍能力。学院教师既承担高职教育人才培养任务,又承担企业教育培训等任务,不分岗位、跨界融通、资源共享的一体化师资建设模式,一方面打造了理念前沿、业务复合、素质全面的师资队伍,另一方面减少了师资总量刚性需求,人力资源效能得到了充分释放。三是一体化企业精神和文化理念有利于激发教师立足岗位、服务企业的内生动力学院在长期服务行业企业发展历程中，企业有更多机会和渠道深度参与和指导学校人才培养的全过程，推动了人才培养模式的不断创新和订单定制人才培养规模的不断提升。二是继续教育成果的转化应用促进人才培养与企业岗位要求"零距离"对接。学院积极推动培训课程、网络课程资源、行业标准、职业标准等继续教育成果转化应用于高职教育，将培训实操作环境移植到学校教学，实现了专业与企业岗位对接、课程内容与职业标准对接、教学过程与生产过程对接、学历证书与职业资格证书对接，极大地提升了高职教育人才培养的针对性和实效性。三是继续教育功能延伸应用强化了学校学生素质能力培养效果。基于党校、在职培训等继续教育功能，学院邀请企业领导、专家和业务能手等广泛参与学生企业文化教育、工匠精神培养、职业技能竞赛、兼职辅导员、创新创业活动、专题讲座、座谈交流、就业教育等，提升了毕业生适应企业基层岗位要求的全要素综合素质。四是深度参与继续教育加快了双师型师资队伍建设。教师积极承担培训授课、资源开发、职鉴支撑、企业课题研究等任务，促进了其对行业企业各专业领域有更深入的跟踪和研究，助推了"双师三能"优秀师资队伍建设，促进了学校人才培养质量的进一步提升。

(四)提升核心能力深化融合发展，推进高职教育与继续教育融合发展提档升级

在"深化产教融合、校企合作"的发展背景下，职业教育与继续教育的相互融通式发展还大有可为。新时期，学院围绕国家现代职业教育和行业企业改革发展的新要求，聚焦高质量发展，深入推进产教融合、校企合作，提升发展核心能力，着力推进高职教育与继续教育融合发展提档升级，努力打造"产教高度融合、校企协同育人的一流高职院校""建成业务体系完备、支撑功能强大的国内一流企业大学"，办好人民满意的教育，更好地服务社会经济和企业发展。[34]

第四章　产教融合的评估

第一节　产教融合评估的原理

一、产教融合评估的意义

统筹职业教育、高等教育、继续教育协同创新,推进职普融通、产教融合、科教融汇,优化职业教育类型定位。深刻理解这一要求,需要拓宽视野,在服务产业的同时提升职业学校人才培养质量,进一步改善办学机制。对深化产教融合的认识和研究,不能就事论事,不能局限在现象、理念、机制、途径等层面,要在既有实践基础上加强理论层面的深度探究。产教融合反映了职业教育发展的内在要求和基本规律,只有将其上升为教育理论才能更好地指导教育实践,并进一步影响公共政策,引导职业教育利益相关方协同行动。

我国职业教育体制机制改革的目标是建立政府宏观管理、社会广泛参与、市场适度调节、学校自主办学的现代治理体系。产教融合第三方评价是指学校、行政管理部门以外的专业机构、行业企业等机构进行评价,具有独立性、公正性、专业性等优点。因此,在社会治理创新的背景下,"管办评"分离的实现必须引入第三方评价。

1.产教融合第三方评价是推动职业教育高质量发展的有效手段

产教融合第三方评价具有独立性、客观性、超脱性的特点。产教融合是职业教育发展主题,是职业院校基本办学模式,是技术技能人才培养质量提升的有效手段。开展产教融合第三方评价,能够促使学校在选择合作企业时分析企业在人才培养过程、人才培养方案、专业课程建设、教学实习实训、师资队伍建设以及其他相关服务等过程中的作用,有效把握人才培养的针对性和主动性,是推动职业院校高质量发展行之有效的手段[35]。开展产教融合第三方评价,能够使企业达到要素上、结构上、功能上的契合,促进企业生产经营、技术创新、提升员工素质,推动产业发展[36]。

2.产教融合第三方评价是评价区域或行业职业教育发展水平的核心内容

产教融合第三方评价在剖析产教融合各子系统间、各因子间复杂关系的基础上,充分考虑利益参与者的动态特征,从产教融合多维度来设计其指标体系,全面反映合作各方的实际状况,从而实现对产教融合办学的全面评价,对区域或行业的职业教育发展有促进、调节、服务功能。第一,发挥第三方评价的促进功能,根据职业院校所在区域或行业的不同特点,为职业院校发展指明方向,推动职业院校良性竞争。第二,发挥第三方评价的调节功能,为区域政府或行业部门制定职业教育发展政策提供参考,优化职业教育资源配置。第三,发挥第三方评价的服务功能,为国家、区域、行业等提供有效信息,打通校企信息不对称壁垒,促进校企共同发展[37],促进职业教育与产业融合发展。

3.第三方评价是职业教育、产教融合评价的最佳方式

产教融合第三方评价是对特定范围的特定对象的产教融合过程及效果进行检查、评价或指导,科学、公正地反馈问题,并提出改进意见。它需要国家、社会、学校、企业、学生、家长等多方面的支持和配合,需要多途径同时推进[38]。在产教、校企开展第三方评价,可以实现真实评价区域或行业职业教育发展水平,从而提高人才培养水平,推动职业教育及产业高质量发展的目的。

二、产教融合评估的原则

1.科学性

2017年倡导培养高素质创新型技术技能人才,鼓励运用大数据建设产教融合信息服务平台,依托平台向各类主体提供精准的产教融合信息服务。2018年确立了"用数据说话、用数据决策、用数据管理、用数据创新"的数据治理工作目标,大数据技术开始融入职业教育质量治理的实际操作层面,各种数据分析工具和数据模型被应用于产教融合质量评价利益相关者图谱的绘制、关键利益相关者的识别、构成要素的提取、评价指标的筛选、评价指标权重的确定,形成了极其重视评价精准性、科学性的智慧治理形态,它具有以下特征:第一,从治理目标来看,坚持"以学生为本"。产教融合质量评价数据治理体系顺应学生的全面发展观、毕生发展观、可持续发展观,开始通过建立产业人才数据平台促进职业教育和产业人才需求精准对接。例如,就业率的统计开始重视专业对口率、到合作企业就业率、留在实习单位就业率、升学率、自主创业率。第二,从治理主体来看,强调多元主体的多形态、多层次治理。参与主体开始向城镇、乡村拓展,并逐步借助大数据来呈现全程化、常态化、动态化、螺旋式的提升与发展的治理过程。在不同的产教融合形态中,利益相关者的权利与义务会有所调整。如新型农民培育示范基地的建设更重视政府的引领,而产教融合型企业、企业新型学徒制则更凸显了企业的主体地位。第三,从数据源设计来看,会从自然科学与社会科学的融合视域考虑数据源的设计。尝试探寻数据背后的隐含关系与价值,逐步建立更加精准的三级、四级指标体系。第四,从数据类型来看,包括各种格式和形态的数据。强调视频、图片等非结构化数据,重视质化数据的搜集、释义与分析。智慧治理形态是从规模性质量评价向内涵性质量评价过渡的数据治理形态,也是我国目前最主要的数据治理形态,它在契合产教融合的教育效能论与系统论、履行数据治理诊断与服务功能、实现微观治理与精准治理方面具有优势,但也存在诸多问题:一是数据治理实践相对数据治理目标呈现出滞后性,还未真正做到"以学生为本",也未实现内涵性质量治理;二是尚未彻底打破数据壁垒,还未真正建立实现"数据共享"的产教融合数据治理平台;三是尚未构建兼顾普适性与个性的新时代质量评价安全治理体系。

指标体系紧扣党中央、国务院关于职业教育产教融合发展主线的纲领性要求,认真贯彻落实教育部等多部委关于加强产教融合的文件精神,通过数据采集和运用,在客观、全面、真

实地反映产教融合生动实践的前提下,客观反映全国产教融合发展情况,方案科学运用协同创新理论、系统论理论、评价统计理论构建指标体系,采用三级层次构建指标,并按层分解,从一般到具体、维度到数据,力图指标可观察、可测量、可指导,客观科学反映产教融合全貌。

2.客观性

为了更好设计与实施职业院校技术技能积累研究,更加清晰地界定变量,在精准分析职业院校技术技能积累的内涵与外延、结构与要素的基础上,构建职业院校技术技能积累操作性定义。依据操作性定义理论,对职业院校技术技能积累用实际的操作性方式给出,旨在根据可观察、可测量、可操作的特征来界定,实现从抽象到具象、从经验感受到实证分析、从概念化到操作化的转变,推进职业院校技术技能积累测评研究的客观性、统一性、科学性和重复性,确保职业院校技术技能积累能力测评的顺利展开,为职业院校技术技能积累路径和技术技能积累评价研究建立基础。对应职业院校技术技能积累概念性定义的三部分:技术技能人才数量增加和质量的递进、实体性要素技术技能积累和软体性技术技能积累,职业院校技术技能积累操作性定义建立"人才培养要素""实体性要素"及"软体性要素"三维度测评框架与指标体系,保证职业院校技术技能积累测评的客观性、统一性、科学性和重复性。

指标体系始终坚持实事求是的态度和立场,根据产教融合力度、广度、深度、效度四个方面的具体情况进行数据填报,如实准确地反映了职业院校产教融合的组织保障、合作范围、合作内容、合作成效等信息,区域、行业产教融合政策支撑、合作广度、合作水平及合作成效等信息。评估机构主体独立,不依附于其他任一机构,以专业的理论指导、强大的专家团队、科学的评估方法及严密的评估流程确保结果客观公正。

3.系统性

产教融合作为一个产业发展需求侧和技术技能人才供给侧动态平衡的诸要素融合的有机系统,不仅涵盖教育、经济等部门,而且涉及政治、文化等多领域,融合的层次、结构复杂,既要求职业院校专业布局与产业结构相适应,也强调校企的深度合作、教学和生产互动融合。从系统的整体性特征来看,产教融合必须发挥政治、经济、文化的重要功能,真正做到政府政策支持、部门协调,产业、行业、企业联动,企业文化和学校文化交融。从系统的目的性来看,产教融合必须以制度和机制建设为保障,以协同育人为主要目标和中心任务,开展专业化团队工作。从系统的层次结构特征上看,产教融合必须重视优化结构、盘活要素、分层分类等。

指标体系围绕职业学校和企业通过共同育人、合作研究、共建机构、共享资源等方式的合作来选用数据。评估对象及数据选用以学校为重点,统筹考虑了区域和行业职业教育与产业融合发展,构成产教融合评估的有机整体和环环相扣的系统。这个有机整体具有鲜明的层次性和内在联系性,数据指标按照范围分块、层次分解来构架,同一范围三个层次。数据采集力求公开、公平、公正,综合运用赋值法、归一化法、加权平均法和统计指数法等计算方法,能够系统反映学校、区域和行业产教融合的基本情况。

4.可行性

产教融合是提高我国职业教育体系现代化水平的关键所在,也是确保技术技能人才培养质量的根本所在。从国家层面来看,我国幅员辽阔,不同地区之间差异巨大,使得职业教育产教融合可作为的空间相当有限,难以有效落实到行动层面。而从学校层面来看,职业教育产教融合的主要举措在于,其开设的专业尽可能与当地产业发展相联系,专业水平尽可能与当地产业水平相匹配,无论其办学主体是行业企业,还是地方政府,单个学校作为产教融合的主体都很难以一己之力穷尽区域产业发展人才需求,力量相当有限与薄弱。而从区域层面着手推进职业教育产教融合,则是一种更具操作性与可行性的方式。从我国现有产业发展来看,省域产业发展特征较为明显,地市或县域产业发展更为单一、集中,对于产教融合的深度展开更为有利,因此,在区域层面上推进我国职业教育产教融合大有可为、也当有可为。目前来看,区域层面职业教育产教融合的需求主要表现在以下几个方面。对学校而言,产教融合的需求在于加强区域统筹,促进省域或地市域职业院校(包括应用型本科)的专业结构与产业结构相匹配,建立区域产业需求清单与院校专业供给清单,推进区域中职、高职、应用型本科以及研究生层次的专业水平与产业水平对接。对企业而言,在当前智能制造、"互联网+"时代背景下,产教融合的需求主要体现在技术研发(如产品的推广、工艺的改进、技术的革新)和人力资源培训两个方面。对社会大众而言,产教融合的需求主要体现在终身教育、社区教育服务等方面。也就是说,我们在综合推进职业教育产教融合项目时,必须考虑到不同群体对职业教育产教融合的需求差异,项目不仅要面向适龄青少年,而且要面向各年龄段社会成员,探索功能更为多元的职业教育产教融合项目必将成为大势所趋。

指标体系与职业教育质量年报、人才培养状态数据及全国集团化办学统计平台报送数据相衔接,与国家相关部委数据库相连通,设置力求简洁、标准,做到定性与定量相结合,静态与动态相结合,同时要求通俗易懂,便于采集。将人才供给侧和产业需求侧结构要素全方位融合指标分维度进行分类,职业院校按办学层次分类比较,便于评价。通过职业院校产教融合为核心进行评估,并以此为重点形成区域、行业的评估,便于操作。

5.导向性

导向性,即产教融合不仅是职业教育的一种发展路径,也是一种发展方向。政府通过创造良好的政策环境、制度环境和市场环境,使产教融合主体的行为方向与政府所期望的发展方向一致。政府通过法律、政策、财政、土地等措施,引导产业部门、教育部门往协同育人等深度融合的方向发展。产教融合是产业部门和教育部门在技术技能人才培养上实现供给侧与需求侧的对接与匹配,要想合作范围更广、合作水平更高、合作层次更深,必须通过生产流程再造、教育模式变革、制度文化的交融来实现。根据耦合理论,产教融合是围绕着技术技能人才培养的一种具体的教育合作关系,呈现出合作体系的完整性、合作内容的关联性、合作模式的多样性以及合作机制的协调性,还具有导向性、系统性、一致性和动态性等特征。

评价方法以科学的评价统计理论和模型为基础,简单实用,权重分配按照维度布局,采用层次分析法来确定第三级数据占比,突出融合和合作的深度,力度、广度、深度、效度四维度相互促进。多维度的指标体系紧紧围绕促进职业教育高水平发展和产业高质量发展的实际工作,评价结果可直接反映政府、企业、学校、行业、社会协同推进的融合程度,确保具有较强应用性和公信力,便于各级政府及相关部门、行业组织充分利用评估结果,缩小政府期望与学校发展方向的差距,促进学校和企业合作,推动产业和教育融合。

三、产教融合评估的范围

产教融合第三方评估范围为：

1.职业院校产教融合情况

产教融合评估是全国职业院校产教融合指数以及区域和行业产教融合评估的基础和前提。分层分类对本科层次职业院校、专科层次职业院校和中等职业学校进行评估。

产教融合背景下，我国职业院校人才培养的现状决定了职业院校双螺旋人才培养模式构建的必要性。我国职业教育的产教融合探索可以追溯到20世纪七八十年代，且在2010年后得以快速发展。直至今日，我国职业院校的产教融合人才培养实践已经取得了不少成绩，包括：政府的政策支持力度在加大，职业院校的产教融合机制在不断完善，社会对职业教育的关注度和评价在提升。但不可否认，在我国经济社会正处于创新驱动转型发展的关键时期，对标国家的人才强国战略，我国大部分职业院校的人才培养模式还没有完全实现产教深度融合，人才培养质量还不能完全满足产业基础高级化、产业链现代化及产业数字化等现代产业优化目标。我国职业院校产教融合人才培养模式存在地方政府服务产教融合的能力不强、区域行业企业参与产教融合的积极性不高以及职业院校产教融合的办学活力不足等问题。从职业院校产教融合人才培养发展史的逻辑射线来看，在这些问题中，产教融合的动力不足是逻辑起点，行业、企业参与职业教育缺乏动力保障机制，从而阻碍了职业院校产教融合人才培养模式的创新。

（1）政府加大了产教融合的政策支持力度。为了构建现代职业教育体系，使职业教育人才培养目标与我国经济结构调整及产业升级优化的需求相契合，我国政府加大了产教融合的政策支持力度。

（2）职业院校的产教融合机制在不断完善。随着现代职业教育体系的建设和产教融合的深化，职业院校的产教融合机制在不断完善。2015年，职业院校参与企业集团化办学的比例达到90%，2020年则达到了100%，形成了"大职教"格局。这种产教融合机制的完善也促进了职业学校办学水平、人才培养质量和就业质量整体提升。同时，职业院校也在产教融合人才培养模式上做出了一些探索，取得了一些经验。比如形成了"订单班""现代学徒制""股份实训中心""承包生产线"等人才培养模式。

（3）社会对职业教育的关注度和评价在提高。产教融合人才培养模式下，职业院校办学水平、人才培养质量和就业质量整体得到提升，使得职业教育的吸引力和社会认可度大幅提高，社会大众对职业教育日益关注，对其评价也普遍提高，职业教育类型的自信心得到增强。中教传媒智库发布的2020全国两会教育舆情分析报告显示："职业教育"连续两年位居两会教育热点主题排行榜首位，其中，"高职扩招200万""职业教育教师队伍建设""职业教育专业设置"这些涉及到职业院校人才培养规格和方案等问题受到舆论的关注度最高。

2.全国职业院校产教融合情况

加快现代职业教育体系建设，深化产教融合，培养高素质劳动者和技能型人才。实行产教融合、工学结合的职业教育人才培养模式，是技能型人才培养的有效途径，体现了职业教育的本质特征。职业教育所肩负的培养技能型人才的任务需要职业院校与行业企业共同承担，日益成为职业院校、广大企业和社会各界的共识。近年来,我国职业教育的产教融合创设了"订单式"培养,工学交替,校中厂、厂中校,"政、校、企"三方联动等一批具有区域行业特色的产教融合人才培养实现形式,形成了"合作办学、合作育人、合作就业、合作发展"的产教融合人才培养理念,但是职业教育产教融合也遇到了较多的困惑、问题和困难,尤其是参与各方对职业教育产教融合的国家制度政策的缺失体会颇深,对职业教育在国家政策、制度层面的顶层设计改革有着较为迫切的诉求。研究、探讨产教融合促进政策的制定和实施是一项重要的攻坚任务,需要深挖现存的问题,运用理论分析其原因,并将其放在国家宏观层面来思考解决的思路和办法。我国职业教育的主体是职业学校,主要由教育部门统筹管理,但教育部或者任何单一部门都无法有效地解决职业教育产教融合的跨部门、跨领域问题。因此,需要国家统筹职业教育产教融合政策,进行顶层设计。国家从教育、经济和劳动三方面建立法律性框架。目前,我国的《教育法》《劳动法》和《职业教育法》中关于教育与生产劳动相结合、教育为经济建设服务、经济建设依靠教育以及职业教育产教融合的规定,对于促进产教融合的发展发挥了一定的作用,其条款大多是宏观性规定,相距建立良好的职业教育产教融合制度的需要还有很大差距。国家应从教育、经济、劳动三个领域修改现有法律和新增相关的法律,为加快建立国家职业教育产教融合校企合作制度提供宏观性法律框架。职业教育实行产教融合和工学结合的人才培养模式,不仅是培养应用型、技能型人才的基本做法,而且符合我国关于教育同生产劳动相结合、培养全面发展的人的基本教育方针,为加快制定国家职业教育产教融合促进法规提供了宏观性思想框架。鼓励地方先行先试,吸收地方创新经验。许多地方对产教融合的认识水平程度不断提升,认识到人才培养合作项目的收益与产品研发等合作项目的收益相比,回报较低而投入较大。调查显示,企业所能为职业学校提供的资源中,提供实训设备、为学校提供资金等被排在末位,因而,参与职业教育的企业需要政府优惠、补偿政策的引导。各级政府逐步通过经济、教育、劳动等多领域的法律法规创新来推进职业教育产教融合,采取措施打破行政管理部门之间的壁垒,加强协调联动,积极探索并建立促进职业教育产教融合的长效机制。个别地区尝试有效地推进行业协会参与职业教育、调动企业参与积极性、加大职业教育投入力度、加快职业标准与专业教学标准对接、促进职业教育集团化发展等,为制定国家职业教育产教融合促进条例提供了基础。

3.区域和行业产教融合发展情况

区域、行业产教融合评估,在所属职业院校产教融合评估结果基础上,每3年或5年进行一次。高水平产教融合发展平台是高职教育产教融合高度和深度的具体体现,其平台建设一般需要体现三个主要功能:

第一,促进校企开展深度合作。这要求产教融合发展平台能为校企开展深度合作探索新的发展合作模式,提供新的合作范式的践行基地,也是高职教育产教融合平台持续发展的必由之路,比如混合所有制、现代学徒制、产业学院等合作模式的实践,课证融合式培养、1+X证书、订单式培养等育人模式的试点,工学云混合式顶岗实习管理、内部质量保证体系诊断与改进等治理模式的检验。

第二,为院校人才培养提供服务。这是高职院校实施产教融合的根本落脚点和出发点,要求产教融合发展平台不断促进学生职业精神培养、创新创业教育、技术技能积累等成才成长的内在需求。

第三,为区域行业企业(产业)发展能力提供优质服务。在市场经济大背景下,企业大多是以经济利益为出发点,要求产教融合发展平台不断促进企业改进生产技术、推动社会进步,同时也为合作方提供对口的高素质人力资源,减少企业新进人员培训成本,为企业生产经营和社会发展中遇到的困难和问题随时提供解决方案、技术支持和技术咨询,不断促进企业生产经营方式及时更新变革,提升企业经济效益和提高社会生产力。随着高等职业教育的快速发展,职业教育与产业之间的逻辑关系也更加清晰。依据高等职业教育改革发展的阶段性特征和产教融合政策颁布的时间,从2013年"产教融合"一词正式引入国家政策算起,本研究将职业教育产教融合的定位分为三个阶段:高职人才培养模式发展阶段、办学模式阶段和发展范式阶段。

(一)产教融合作为高等职业教育人才培养模式发展阶段。在这一阶段,产教融合是对产教融合的深化和拓展,是对高等职业教育人才培养模式的创新。

(二)产教融合作为高等职业教育办学模式阶段。在这一阶段,从政策定位来看,行业企业已经从高等职业教育的合作者变为参与者,产教融合的角色也从人才培养模式上升为职业教育的基本办学模式。

(三)产教融合作为高等职业教育发展范式阶段。在这一阶段,行业企业与高等职业教育的关系更加清晰,行业企业开始深度参与高等职业教育,而高等职业学校也以开阔的视野来理解、处理教育与产业的逻辑关系,开始从服务、支撑甚至引领产业发展的高度来开设专业、培养人才,产教融合成为高等职业教育发展范式。到今天,产教融合已经成为高职院校内涵发展的理念和范式,是高职院校可持续发展的内在动力,是企业发挥职业教育主体作用的有效途径,是教育链、人才链、产业链、创新链的结合点。

第二节　产教融合评估的指标体系

一、产教融合评估的指标体系

产教融合第三方评价的路径为:将职业院校产教融合水平的评价结果运用到区域或行业的产教融合发展评价上来,以丰富产教融合各层次的评价内容,确保第三方评价的完备性和可操作性。具体评价分为三个层次,采用理论与实践、定性与定量相结合的方法开展评估工作,计算方法主要采用加权平均法和统计指数法。产教融合第三方评估指标体系由职业院校产教融合第三方评估指标、区域产教融合第三方评估指标和行业产教融合第三方评估指标等三个方面构成。

1.职业院校产教融合第三方评估指标

包括产教融合力度、广度、深度、效度四个方面的指标。我国职业教育体制机制改革的目标是建立政府宏观管理、社会广泛参与、市场适度调节、学校自主办学的现代治理体系。产教融合第三方评价是指学校、行政管理部门以外的专业机构、行业企业等进行评价,具有独立性、公正性、专业性等优点。因此,在社会治理创新的背景下,"管办评"分离的实现必须引入第三方评价。产教融合作为职业教育发展主线以及职业院校基本办学模式,其第三方评价尚处于萌芽阶段。为落实党中央、国务院关于深化产教融合改革的部署,亟待从评价机构、评价领域、评价方法、评价指标上进行深入的研究和实践,推动国家产教融合建设,促进教育链、人才链与产业链、创新链有机衔接。

(1)产教融合力度评价。包括组织保障、制度保障2项指标,主要评估职业学校落实产教融合相关政策文件精神及组织实施的具体行动和执行力等,有2项三级指标,分别是:产教融合组织和产教融合制度,其权重值占比为25%。

(2)产教融合广度评价。包括合作企业、合作平台、合作政府3项指标,主要评估产教融合所覆盖的范围,有6项三级指标,分别是:产教融合数量、产教融合质量、本校牵头职教集团(联盟)数、参与职教集团(联盟)数、政校合作数量、政校合作质量,其权重值占比为21.43%。

(3)产教融合深度评价。包括专产对接、岗位对接、名师对接、科研对接、培训对接5项指标,主要评估产教融合推动产教对接紧密程度,有10项三级指标,分别是:共建专业、共建教材、共研标准、联合培养、企业兼职教师、教师企业实践、科研合作平台、科研合作项目、联合培训、实习实训,其权重值占比为27.24%。

(4)产教融合效度评价。包括人才培养质量、社会服务能力、学校发展水平3项指标,主要评估产教融合的成效,对学校、社会及人才培养的促进作用等,有7项三级指标,分别是:毕业生就业、学生技能水平、技术服务增幅、培训服务增幅、教师结构、课程结构、设备结构,其权重值占比为26.33%。

2.区域产教融合第三方评估指标

在产教融合领域,区域发展不均衡所带来的影响非常明显。人口数量、老龄化程度、社会经济结构等因素在很大程度上决定了区域产教融合的水平。在我国东部、中部这些经济较发达、人口较多的区域,地方政府与社会公众更加重视教育优先发展,希翼通过教育提高本地区的社会竞争力。同时,因其特大型企业、大型企业和科技型企业较多,企业转型升级发展压力较大,对通过产教融合进行科技开发和人才培养等的需求更为迫切,其产教融合的程度更深、范围更广,相关制度和机制更加完善。在其他地区,产教融合发展则更容易被忽视。一般地,区域发展不均衡所致的区域产教融合发展不均衡问题,应当体现在各地产教融合相关规范性文件中——不同区域,产教融合发展也应因地制宜,应设定不同的产教融合发展目标、推进举措、主体责任等。即使区域产教融合发展的基础不均衡,也应在各地产教融合相关规范性文件的指引和推动下,不断提升当地的产教融合水平,促进教育链、人才链与产业链、创新链有机衔接,推进人力资源供给侧结构性改革,这有利于提高当地的教育质量、扩大就业创业、推进经济转型升级、培育经济发展新动能。然而,各地产教融合规范性文件的制度差异化不足、政策特色化缺失的现象比较突出。其重要原因在于当地政府在制定产教融合地方规范性文件时,未能全面综合地考量本地的产教融合基础和需求,片面移植了国家层面产教融合规范性文件的指导思想、原则、目标、工作任务和主要举措等，忽视了对制度的创新过程。可见，不同区域产教融合发展不均衡，是造成我国产教融合制度呈现出"自我复制与自我维持"现象的外源性因素。在省级层面，应全面综合地考量省域经济社会发展状况、产教融合基础和需求等因素，因地制宜、因时制宜，坚持问题导向、目标导向、需求导向和实效导向，制定实施更为科学的产教融合规范性文件，条件成熟的还可以制定实施关于产教融合的地方性法规，以具有区域特色的产教融合制度创新应对不同区域产教融合发展不均衡问题，特别是要着力落实在产教融合方面的省级监督权。在市级层面，由于区域发展不均衡现象在各市域依然存在，各市级政府应结合市域产教融合发展的实际情况，在法治框架内积极探索原创性、差异化的实施细则，推进产教深度融合的具体措施，切实打通产教融合制度落地的"最后一公里"，为产教融合的制度创新和实践发展激发动力、提高张力、增强活力。各市级政府应从本地区产教融合的目标、任务、举措、分工等各维度进行细化落实，制定能够质性评价和量化考核的评价指标体系，完善保障机制和监督机制，为产教融合发展指明具体的可行路径和行动策略，并由省级政府对其实施监督，确保市级政府推动产教融合发展的工作效能。产教融合政策的实施结果需要监督和评价，这既是行业企业、学校等责任主体向政府进行政策反馈的重要途径，也是政府保障主体行为进一步规范、提升其参与主动性和积极性的有效机制。因此，必须完善质量评价与监督问责倒逼机制，构建产教融合评估体系。

第一，通过政策鼓励发展第三方评估机构，保障产教融合政策能够顺利落地和切实执行。第三方评估机构作为独立存在的研究机构，既密切关注政府的最新决策动态，又紧密追踪市场、学校和企业的发展情况，发布的信息通常较为对称、充分、客观、现实且具有操作性。建立客观、公正、科学的第三方评价指标体系，有利于政府在实施、修正、调整政策时作出权衡和考量。例如，可以建立省级职业教育发展预警机制，通过第三方机构重点监控专业结构和区域产业发展。

第二，健全以公众满意度为导向的评估机制，制定考核监督办法及细则，增强政策实效。要扩大公众的知情权和参与度，定期听取公众对于产教融合政策的意见和建议，接受公众的监督、审视和评议，及时公开发布产教融合绩效评估结果和信息，以最大限度地提升政策的透明度、公信力与质量水平。

第三，构建政策绩效评价信息化平台，以应对信息化时代的挑战。当前社会已经进入信息化时代，产教融合政策的实施也应体现出相应的时代特性。要构建相应的绩效评价技术平台，利用大数据、云计算等技术对产教融合政策实施情况进行采集追踪、预警监测、动态发布、诊断分析，将最后的绩效评价结果反馈给实施单位定期进行调整，同时也可以为政府提供政策参考，以便及时调整、优化和改进。区域产教融合第三方评估指标，由4项一级指标、8项二级指标和8项三级指标构成，其中：产教融合力度主要是对制度支撑及试点推动进行评估，选取区域政府出台的产教融合文件数量、是否为产教融合试点区域2个三级指标用于评价，主要反映区域产教融合政策支撑、资金投入的力度，权重为24.85%；产教融合广度主要是对产教融合广度、产教融合平台进行评估，选取区域内与学校有合作的企业占比、区域内职教集团（联盟）数2个三级指标用于评价，主要反映区域产教融合的广度，权重为22.72%；产教融合深度主要是对产教融合水平进行评估，选取区域内各职业院校产教融合综合得分平均值1个三级指标用于评价,主要反映区域产教融合的深度,权重为 24.96%;产教融合效度主要是对本地人才培养、产教融合企业、产教融合基地进行评估,选取区域内职业院校应届毕业生本地就业率、区域内产教融合型企业数、区域内产教融合型实训基地数 3 个三级指标用于评价,主要反映区域产教融合成效,权重为 27.47%。

3.行业产教融合第三方评估指标

产教融合是一种制度建构,产教融合治理体系是国家治理体系的重要组成部分,关乎社会资源是否能够充分地开发利用和发挥出最佳效果。在理论上,社会资源是指能提供并可以转化为具体服务内涵的客体,包括人力、物力、财力和场地空间等有形资源及技术、知识、组织、社会关系等无形资源。基于社会资源的价值性、稀缺性、主体性,其开发和利用的程度、效果取决于资源配置方案。产教融合是一种以需求为导向的旨在满足产业对人才需求和人才群体充分就业的社会资源的结构化配置方案,涉及教育、人才、产业、创新等多链条的有机衔接、多目标的设置、多主体的协作、多过程的融通等。其中,影响融合结果(或说是效能)的因素众多,涉及各利益相关者的行动(包括治理、协作、生产、教学等行为),既有纵向的层级衔接,也有横向的协调合作,同时涉及跨界资源的挖掘、配置和使用等。为此,我国提出深化产教融合及开展产教融合效能评价,其实就是要在产教融合建构当中引入整体性治理理念及将效能评价作为整体性治理的工具,既注重产教融合的逻辑,讲求规律,更强调从整体和顶层设计上系统思考、统筹推进产教融合,基于结果导向和目标导向解决产教融合过程当中遇到的各类问题,这是产教融合治理所要遵循的方法逻辑,也是产教融合效能评价所要遵循的价值逻辑。行业产教融合第三方评估指标,由 4 项一级指标、8 项二级指标和 8 项三级指标构成,其中:产教融合力度主要是对制度支撑及试点推动进行评估,选取行业出台的产教融合文件数量、是否为产教融合试点行业 2 个三级指标用于评价,主要反映行业产教融合政策支撑、资金投入的力度,权重为 24.28%;产教融合广度主要是对产教融合广度、产教融合平台进行评估,选取行业内与学校有合作的企业占比、行业内职教集团(联盟)数 2 个三级指标用于评价,主要反映行业产教融合的广度,权重为 22.89%;产教融合深度主要是对产教融合水平进行评估,选取行业内各职业院校产教融合综合得分平均值 1 个三级指标用于评价,主要反映行业产教融合的深度,权重为 25.99%;产教融合效度主要是对行业人才培养、产教融合企业、产教融合基地进行评估,选取行业内职业院校应届毕业生本地就业率、行业内产教融合型企业数、行业内产教融合型实训基地数 3 个三级指标用于评价,主要反映区域产教融合成效,权重为 26.84%。

二、产教融合评估的数据采集

(一)职业院校

1.产教融合力度类 2 项指标

产教融合力度类包括组织保障、制度保障 2 项指标。产教融合型企业与高职院校共建兼具教学和生产双重功能的实训基地是关键。首先,高职院校要与产教融合型企业共同制定相关制度规范,加强顶层设计,从管理制度、功能定位到实施方案等全方位做好规划,为实训基地的有序运行提供制度保障;其次,企业在保证正常生产运行的同时要进行设备的教育化改造,先进的设备与工艺为实训教学提供硬件保障,使产教融合落到实处,同时也为企业今后人才选拔和储备作好准备。因此,生产性实训基地作为产教深度融合的重要载体,是提升育人质量、适应供给侧改革、实现资源高效配置的有效途径。

2.产教融合广度类3项指标

产教融合广度类包括合作企业、合作平台、合作政府3项指标。建立多元化的产教融合模式,实现人才培养集约化集团式。一是高职院校以专业或专业群为主体,对应多类行业、企业开展点对点的合作,这是产教融合的有效途径,对中小企业集聚区域的地方性高职院校尤为重要。二是高职院校的一个专业或专业群与区域内某个行业领域的多家企业合作,并形成具有共同目标的合作平台,使学校成为区域行业发展的人才储备库。三是高职院校跨专业群和跨行业,以多个专业群与区域主导产业链上具有国际化战略发展优势的龙头企业集团合作,吸收产业链上更多企业参与到这个合作平台,跨专业跨行业培养人才,实现多元化人才一条龙输送。产教融合的实现路径要从宏观、中观、微观三个方面逐一突破,并科学处理政、校、行、企在每个层面的作用和关系。宏观层面,营建良好的产教融合外部生态环境,政府在政策、立法、财税方面不断为产教融合破除障碍,与行业合作为产教融合平台搭建创造条件,并引导社会树立重视职业教育的价值体系。中观层面,打造一体化的共生模式。校企通过合作平台、机制和利益链的构建和完善,形成利益耦合、责任共担的共同体,实现合作内容的多样、合作层面的深化。微观层面,关注产教融合中人才和师资两大要素,人才培养应注重核心技能与可持续的终身发展;师资打造要重视校企师资互通交流,拓宽"双师型"教师成长通道和"双导师"聘任通道。最终,产教融合系统在政、校、行、企"五对接"基础上实现良性生态循环。2007—2013年这一时期,高职院校中产业学院经历了从概念雏形形成,到院校与大型企业集团合作的产业学院产生,再到高职院校与地方政府合作共建,构成了高职产业学院的萌芽阶段。我们将职业教育产教融合的症结归结为企业参与职业教育人才培养的积极性不够,但却很少有人深究企业为何缺少积极性。职业教育产教融合不仅是一个教育问题,而且是一个经济问题。实际上,真正意义上的产教融合问题是伴随着我国经济体制改革而出现的。在计划经济体制下,中专学校多由行业部门举办,技工学校多由国有企业举办。通常,职业教育产教融合在组织内部就可以解决。而到了社会主义市场经济体制阶段,为了激发企业的市场活力,我国进行了一系列改革。一方面是教育管理体制改革,即将原来隶属行业部门管理的学校划归教育部门管理,另一方面加快国有企业改革,减轻国有企业负担,去除包括教育在内的企业非生产性功能。上述一系列改革,使得职业教育产教融合失去稳固的组织基础。自此以后,企业变成完全的经济实体,不再承担教育责任,因此,产教融合的意愿并不强烈。而职业学校由于人才培养需要,只能依靠私人关系、政府牵线等方式,去市场中寻求产教融合企业。所以,在社会主义市场经济体制下,产教融合的关键问题是,我们如何重构学校与企业之间的关系。

3.产教融合深度类5项指标

产教融合深度类包括专产对接、岗位对接、名师对接、科研对接、培训对接5项指标。第一,突出能力导向,提升人才体系的结构化水平。高职院校产教融合赋能教师专业发展要突出能力导向,着力打造一支数量充足、专兼结合、结构合理的高水平"双师型"教师队伍,组建高水平、结构化的教师教学创新团队。要将培育引进国家"万人计划"(杰出人才、领军人才、青年拔尖人才)、百千万人才工程国家级人选、省级人才工程人选,国家级、省级教学名师,国家级、省级技能大师和技术能手,培育组建国家级、省级教师教学创新团队,国家级、省级科技创新团队,培育打造学科专业领军人才引领、老中青结合、突出中青骨干、"双师"素质优良、专兼结合有效、数量结构优化的高素质"双师型"教师队伍,努力提升人才体系的结构化水平。第二,突出质量导向,提升人才体系的行业化水平。高职院校产教融合赋能教师专业发展要突出质量导向,着力培育引进一批行业有权威、国际有影响的学科带头人、专业(群)带头人,着力培养一批能够主动参与、合作改进企业产品工艺、解决生产技术难题的骨干教师,政校企行合力培育一批行业化水平高、具有绝技绝艺的技术技能大师,努力提升人才体系的行业化水平。第三,突出贡献导向,提升人才体系的社会化水平。高职院校产教融合赋能教师专业发展要突出贡献导向,依托职教园区、职教集团、产教融合型企业等建立校企人员双向交流协作共同体,校企共建教师发展中心、教师企业实践基地和兼职教师资源库,设置教师企业访问工程师、教师企业实践流动站、技能大师工作室,构建教师融入园区、融入企业、融入社区、融入乡村,依靠服务求发展、依靠贡献获支持、依靠社会提质量,努力提升人才体系的社会化水平。中央和地方政府通过设立职业教育产教融合国家级、省市级联合科研项目,发挥科研项目载体作用,整合科研资源,引领使行业组织、企业、职业学校、研究机构等社会各界深度合作,在产品研究、课程、教材、教学标准、职业标准、评价等方面联合研究和攻关。在新一轮科技革命的影响下,通过技术升级提高核心竞争力,集中社会各界力量推动高新技术的研发已是共识。"职教20条"认为"服务企业技术研发和产品升级"是职业院校的重要目标,将自主创新融入教育链有助于技能劳动者适应高端产业、新兴技术的发展。"双高计划"将打造技术技能创新服务平台列为重要任务,为技能人才的创新能力培养提供了平台。"技能中国行动"明确"支持高技能人才参与国家基础研究、重点科研、企业工艺改造、产品研发中心等项目"。作为技能人才的供给端,职业院校一方面要瞄准中小微企业的核心技术难题与产品升级,主动与企业、政府等办学主体接洽,形成创新研发平台,促进创新成果与核心技术产业化,推动技术成果的转移与转化。另一方面,职业院校要充分利用创新研发平台推动人才培养模式改革,以现代信息技术升级传统课堂,在实训资源不足的条件下还原真实工作场景,实现教学过程与生产过程实时互动。职业院校要以技术研发项目为教学案例,引导学生在教学团队的支持下参与到项目中,培养学生的实践能力与创新能力;通过"平台合作"的方式满足学生的多样化学习与企业技术升级的需求,培养掌握智能化操作技术的创新型技能人才。

4.产教融合效度类3项指标

产教融合效度类包括人才培养质量、社会服务能力、学校发展水平三项指标。产教融合向广度和深度拓展,是增强办学活力、提高人才培养质量的根本途径,是破解矛盾、解决问题和提高院校核心竞争力的必然要求。当前,全国各地都在加速经济转型和产业升级,职业院校之间的竞争也日趋激烈。院校推进产学融合的切入点找得准、体制活、机制畅、模式好、措施实、开放度高,产业要素就会向哪里聚集,学校就能赢得发展先机。同样,企业提前介入产教合作,就能优先获得高素质劳动者和技术技能人才的选择权,就能提高企业的产品附加值和利润。产教融合的成效取决于教育与产业两者在结合点合作的广度、深度和力度。产教融合是推动现代职业教育改革、实现职业教育和经济社会协调发展的重要途径。职业教育作为一种教育类型,区别于普通教育、成人教育的显著标志之一就在于产教融合。产教融合的主要功能在于提高人才培养质量,促进技能积累,同时兼具技术研发与应用、社会服务功能。它不仅能促进技术技能人才培养,提高人才培养质量,而且能促进技术成果转化,推动产业转型升级、经济结构调整和企业升级改造,推动区域经济社会不断向前发展。

(二)区域

区域产教融合评估8项三级指标可从区域教育行政部门、发展改革部门、统计部门等获取。数据上报建议与教育部职成司联合组织。强化各级党委、政府统筹本区域内职业技术教育发展的职责。明确发展职业教育是党政一把手的责任,要相关各方"合作"就需要"统筹",统筹的实质是对全社会的统筹,积极打破行政部门间壁垒,探索多个行政部门协调联动,系统整合学校、企业、行业、研究机构等多个主体、多种资源,协同推进产教融合。高职学校外部治理体系应解决如何让学校的外部主体(政府和社会)更好参与学校治理,支持高职学校发展,促进高职教育和经济社会协同发展。政府参与高职学校治理主要涉及政府及其教育行政部门和学校的关系,治理的目标是让政府为高职学校发展提供良好的资金、政策、法律、服务等条件和环境,同时避免政府不伤害高职学校的办学自主权以保证高职院校办学的自主性、积极性和灵活性。当前我国政校关系治理的主要诉求是扩大和落实高职学校办学自主权并提升政府教育服务质量,核心制度创新措施是推进教育"管办评"分离和"放管服"结合。社会参与高职学校治理主要涉及行业、企业、家长、社区、校友、第三方组织等社会主体和学校的关系,治理的目标是让多元社会治理主体支持、参与和监督高职院校办学,努力变革育人模式,提升办学质量,满足社会对高职教育的多样化诉求。当前我国校社关系治理的主要诉求是提升多元社会治理主体参与高职学校治理的动力和能力,让他们主动并高质量的参与高职学校治理,核心制度创新措施是成立学校董事会、理事会、校友会、基金会、产教融合联盟、产教融合联盟等联合治理机构,以及让社会及第三方组织参与教育质量评估与监督。回顾历史,由于管理体制上的二元分离,职业教育与培训一直未能整合成完整的职教体系。在职业教育与培训体系中,招生、培养、就业、继续教育与培训等各个环节的管理均涉及教育行政部门与人力资源和社会保障行政部门。然而,教育行政部门与人力资源和社会保障行政部门之间的职能交叉、条块分割现象仍较为严重。职前阶段,育人的教育体系与用人的劳动体系分离,时常导致职业教育人才供给与劳动力市场需求的不匹配;职后阶段,企业职工的继续教育与培训主要归劳动体系管理,教育体系对此参与不足。这也就不难解释为什么我国会出现现代学徒制与新型学徒制并存的尴尬局面。当务之急是,消除管理体制的障碍,对相关管理机构有机整合,制定统一的职业教育与培训发展规划,统筹管理我国技术技能人才培养培训工作。

区域高等职业教育的产教融合是一项涉及多元参与主体的社会系统工程,是基于区域的社会大生产资源优化配置,是新时代区域高等职业教育治理的创新,需要从产教融合的深层次考虑设计融合路径,发挥相关利益主体的积极性,推进产教融合取得实效。

1.区域产教融合主体到位,实现政策融合

区域高等职业教育产教融合需要教育、产业的各自主体发挥主观能动作用,更需要政府

的积极推动。我国职业教育产教融合由政府主导转变为政府推动是区域高等职业教育产教融合的决定性推力，中央政府为产教融合提供顶层设计和指导框架。从我国高等职业教育的管理体制看，区域高等职业教育属省级政府管理，省级政府的相关政策指向更应具有区域性，即政策在突出与中央政策精神保持步调一致的同时，要着重解决省域内教育发展中的关键问题，要结合区域特色为区域高等职业教育的产教融合提供政策支持。一是政府要为区域高等职业院校集群发展做好政策指导，为高等职业教育内部资源的融合提供政策依据，为产教融合实现资源整合增强针对性和提高有效性；二是政府推动产教融合要落实系统的协调机构，建立产教融合的系统协调机制，有效发挥政府推动力；三是政府在考虑区域经济发展时，要统筹考虑区域教育政策与区域产业政策的融合与对接，避免出现政策冲突，为产教融合创造良好的政策环境；四是产业集群企业、高等职业院校是产教融合的主要主体，政府要引导各融合主体分别从各自的发展战略需要制定相关政策，促进产教融合政策对接。

2.区域高等职业教育专业结构宏观整合，实现专业融合

区域高等职业教育产教融合是一个逐步发展的过程，高等职业院校集群发展需要保持教育系统内部结构之间的动态平衡，高等职业院校集群与产业集群之间融合也需要实现动态平衡，这种动态平衡体现在专业结构与岗位结构、专业规模与产业需求数量之间的平衡。区域产业及产业集群是各学科、专业的汇集地，也是各专业人才的集聚区。高等职业教育与区域产业融合发展首先要落实专业建设与区域产业的融合，专业结构布局与区域产业融合要坚持全面服务产业发展的功用主义标准和服务学生发展的人本主义标准的统一，来设计总体框架，从高等职业教育专业的人才培养规模、结构和质量与区域产业的人才需求结构的匹配程度来衡量专业布局的合理性。区域高等职业教育与产业集群的专业融合可以是多所高等职业院校集群模式，也可以是高等职业院校构建区域性高职教育专业联盟，在与产业集群融合发展的框架内考虑专业结构上的宏观整合，各高等职业院校专业结构与产业集群错位融合与对接，在发挥高等职业院校各自优势的基础上实现专业融合，从专业供给总量是否能满足区域产业需求、专业结构优化是否符合产业发展的战略需要、专业人才培养质量是否达到科技发展和产业创新的标准及要求来衡量专业的融合度，推进高等职业教育专业布局的动态优化。高等职业院校根据自身资源优势，结合产业集群技术升级趋势、集群核心业务的战略发展、产业革命的新挑战，与产业集群联盟开发和建设新的专业，使高职教育紧跟产业发展趋势。

3.区域产业技术创新与高等职业院校知识创新互通，实现战略融合

高等职业院校办学的基本职能是人才培养、科学研究、社会服务和文化传承，这些职能都与知识活动、技能传播密切联系在一起。知识活动是高等职业院校的基本活动，知识生产、知识传播、知识创新越来越成为高等职业院校竞争力的重要内容，利用、共享、传播和创造知识越来越成为高等职业院校高水平建设的重要条件，知识创新成为高等职业院校新的发展战略和管理理念。产业的发展依托技术创新获得核心竞争力，特别是产业集群需要通过技术集成创新提升产业竞争能力，从而提高区域整体竞争力，知识创新与产业技术创新共同作用、相互促进，推进产业、企业科技战略目标的实现。区域高等职业教育与产业融合成为激发知识创新能力的重要要素，高等职业院校集群办学对知识的生成具有促进作用，可以提高高等职业院校集

群的知识创新能力。产教融合加快了区域产业技术创新与高等职业院校知识创新的互通,促进各自战略的融合与实现。一是要加快高等职业教育知识转移,促进高等职业院校新知识向产业流动并转化为产业的技术能力,推进技术要素的集成;二是强化高等职业院校的集群办学,实现职业院校间的资源共享和优势互补,促进新知识在集群中的生成与转化,提高高等职业院校知识生成的科技含量;三是加快高等职业院校集群与产业集群的融合机制建设,构建互通融合渠道,提高知识转移速度和效率,促进两者知识转移和知识共享,实现协同创新。

4.区域产业文化育人与校园文化育人互鉴,实现文化融合

文化是一种软实力,高等职业院校是文化育人的场所,教学育人、管理育人、服务育人最终都归结到文化育人上。我国现代产业体系是由现代产业文化主导的,区域产业集群在发展过程中形成了特有的集群文化,产业集群文化加强了集群企业行为的协同性,对提升集群竞争力具有推动作用,产业文化对于高等职业院校技术技能型人才培养至关重要。高等职业院校校园文化是高等职业教育办学精神的体现,它形成于高等职业院校的办学过程,又对高等职业院校人才培养具有重要影响。区域产业文化和高等职业院校校园文化都具有育人功能,产教融合要实现文化融合育人,一是要充分认识校园文化和产业文化的内在联系和育人功能,把产业发展理念与教育教学理念相融合,多渠道推进高等职业院校与产业企业的文化合作;二是要积极探索产教合作、产业文化与校园文化互动的规律,构建产教融合产业文化育人体系,选择科学可行的文化融合载体;三是做好产教合作、校园文化和产业文化融合育人的顶层设计,按照人才培养过程分阶段落实文化育人目标,让产业文化融入高等职业教育的人才培养链。通过文化融合,学生在学习过程中能及时了解产业精神、产业核心价值观、行业行为规范等产业文化内核,实现从"高校学生"到"产业员工"的无缝对接。产业文化与校园文化的融合,既要将产业文化、企业精神融入到教师的教育教学理念和管理理念中,更要融入到学生的学习内容之中,把产业文化、行业精神、企业标准融入人才培养课程体系,将产业集群文化、行业文化、企业文化有机融入高等职业教育的校园文化,将工匠精神、劳模精神融入到高职学生职业精神的培育中,实现立德树人目标。

(三)行业

行业产教融合评估8项三级指标可从教育行政部门、发展改革部门、行业主管部门、行业协会等获取。数据上报建议与教育部职成司联合组织。我国职业教育的发展对行业寄予了极大的期盼,教育部门成立了59个职业教育行业教学指导委员会,教育部门出台了发挥行业作用的政策文件,但是实际上行业组织指导职业教育的作用还远远没有发挥出来。在我国经济领域,行业组织自身的能力和作用尚未有良好的发展,行业指导职业教育的权限不明确,支持和鼓励行业组织参与职业教育与培训的政策尚不健全。我国法律没有明确规定行业协会在职业教育发展中的地位和作用,使得行业组织的协调指导作用没有得到充分发挥,在制定行业岗位标准、课程标准中的主导作用发挥不够充分,行业组织对职业教育的产教融合的监督机制尚未建立,行业协会与职业教育的交流对话制度有待进一步完善。此外,从整体上看,我国行业自身独立发展的水平有限,指导职业教育发展的能力不足,自身能力尚需逐步培养,不具备德国等发达国家的行会制定标准、主持考试、颁发资格证书的权利和能力。"办职业学校的,须同时和一切教育界、职业界努力地沟通和联络;提倡职业教育的目的,同时须分一部分精神,参加全社会的运动",职业教育的发展始终与经济社会息息相关。改革开放四十多年来,我国形成了完整的产业体系和世界上规模最大的现代职业教育体系,随着全球经济低迷与新冠疫情发,国外市场的需求减少,国内产业链的对接性与匹配度也呈下降趋势。"双循环"发展格局以扩大内需为战略基点,通过深化要素市场化配置改革,提升国内市场的供给与抗风险能力,对产业链内的技能人才素质提出了更高要求。

第三节 产教融合评估的结果运用

一、产教融合评估的重点工作

1.评估标准测试

首先通过评估专家库专家打分确定指标权重;然后再中华职教社所属样本校采集数据,最后在全国样本校采集数据。产教融合背景下职业院校的办学活力主要在于有没有顺应区域经济发展和产业结构优化升级的需求来制定培养目标和规格,有没有机制吸引优秀的专业人才任教,有没有高质量的教学吸引优秀的学生就读,有没有能力提供先进的技术研发成果吸引到企业合作等。从我们调研的结果看,目前职业院校产教融合的办学活力不足,主要表现在四个方面,一是培养目标和培养规格相对落后。部分职业院校没有回应外部社会关切,制定顺应区域经济发展和产业结构优化升级需求,且具有自身办学特色的人才培养目标和培养规格。二是课程教学内容与企业实践内容相互脱节。教学内容没有实现与行业、企业紧密结合,缺乏完善的校企联合培养学生的保障制度和动力机制,不能满足产业转型升级需要,不能及时更新专业和课程,职业技能证书培养环节与专业课程融合度低,尚处在课程叠加的阶段。三是双师型教师队伍建设水平偏低。不少职业院校教师没有下过企业,实践经验少,很多职业院校由于师资缺乏,存在操作技能培训无法高质量满学时开展的情况。四是,缺乏以职业技能创新能力为核心的培养评价机制。不论是学生学业水平评价抑或是教师教学科研能力评价都没有把职业技能创新能力作为核心评价指标,学生培养和课程评估标准与普通学校雷同,体现不出职业教育的特色。

2.建基础数据库

选定样本校部分样本,或全样本,根据所确定的三级指标,在中华职教社建立职业院校产教融合指标数据库。

3.制定评分标准

根据基础数据库中的每一个三级指标所对应的数据分布,制定该数据的评分标准。

4.开展年度评估

每年年初采集上一年度样本院校产教融合数据,并进行评估,计算出产教融合年度指数,形成年度职业院校产教融合评估报告,通过报刊杂志或论坛等形式向社会公布。

5.开展其他评估

以"双高"校或优质职业院校等为样本进行测评,对各类职业院校的产教融合情况进行评估。同时,也可以对各省市区、各行业产教融合情况进行评估。高职院校产教融合绩效的提升是一项系统改革工程,只有在各个领域均实现突破才能达成目标。在应用型人才培育方面,需提高学生的专业素养、职业知识和实践能力,满足一线管理、生产和服务活动的行业要求,实现供给侧与需求端的匹配,推进人才培养规模、结构、质量与区域社会经济的协调发展。在科研综合竞争力方面,产教融合要注重基础技术研究、应用研究以及开发研究的相互结合。基础技术研究通过探讨新理论、新原理和新方法,为技术发明创新提供支撑;应用研究着眼于特定的问题、领域、目标,致力于通过运用理论成果,为实践问题的解决提供科学依据;开发研究则是利用已有的知识成果创造新技术、新工艺和新产品,将科学技术转化为实践生产力。在满足市场需求方面,高职院校可以通过在职培训直接提升劳动力素质,通过技术交易创造价值助力区域经济发展,通过科普文化活动丰富本地生活,通过参与社会治理增强区域的凝聚力。以运行优化为突破点,高职院校通过主要环节的强化才能有效整合资源、实现各领域的联动发展并促成整体绩效的提升。一是资源识别机制,高职院校需要结合环境分析现有资源总量、类别、属性及效用,评估资源等级明确核心资源同时识别资源需求及缺口。二是资源获取机制,高职院校应立足自身需求构建供需合作关系,通过对外部资源的搜寻、筛选及引入,从而与满足自身诉求的企事业单位建立合作,搭建各类共享平台来确保资源的丰富性、多样性以及协调性。三是资源配置机制,高职院校与企事业单位可通过资源的分类、对接及重组以实现资源类型、功能及质量的匹配,构建新的资源体系。四是资源利用机制,高校要以办学定位和理念为导向推动资源实现价值最大化增强竞争优势,进而产生新的需求为下一轮的动态循环奠定基础。

6.上报评估情况

随年度评估报告提出产教融合工作建议,上报党中央、国务院及教育部、发改委等部门,抄送各省教育主管部门、各行业部门及行业组织。当前,职业教育产教融合已成为国家促进经济社会协调发展和人才开发的整体性制度安排。开展评价意味着产教融合必须要有结果、有效果,效能问题是深化产教融合、实现各层价值目标的根本性问题。应该基于什么样的逻辑来看待职业教育产教融合效能评价问题,进而寻找到职业教育产教融合效能评价的科学路径,并以效能评价促进各方理性、正确、科学地推进产教融合,研究这一问题具有重要现实意义。

二、产教融合评估的结果运用

1.建议国务院相关部门和单位,将评估结果作为职业教育质量评价的重要内容和政府职业教育督导评估的重要内容

职业教育作为教育的一种类型,在教育高质量发展中扮演重要角色,经济社会的高质量必然要求教育的高质量与之相适应。教育的高质量发展离不开职业教育的高质量发展。职业教育高质量发展就是职业教育按照创新、协调、绿色、开放、共享新发展理念,以质量和效益为导向,能够更好满足受教育者成长成才需要的发展。第三方评价机构发挥信息、资源、技术、人资、网络等优势,搭建区域或行业内职业院校产教融合的信息共享平台。可以通过上述方法,采集区域或行业企业的需求、学校的需求、学生的需求。第三方评价机构还可以通过田野调查、模型预测等方式精细分析产教融合项目的必要性、可行性和操作性,为区域政府、行业主管部门以及参与主体提供决策依据。

(1)产教融合是提升职业教育质量的关键举措。产教融合承载着国家关切、人民期盼和教育诉求,不仅影响经济增长和创新创业,而且支撑技术技能人才的质量,因此,它是职业教育实现优质、健康、快速发展的关键举措。产教融合的出发点就是吸引企业协同职业院校,主动参与职业教育人才培养,提高人才培养的匹配度。因此,产教融合是职业教育实现优质、高质量发展的必要条件,从而使职业教育与企业同生共长、互惠互荣,让企业分享技能形成红利,缓解甚至消除产教脱节的问题,在总体提升人才资源质量的基础上,在构建现代产业体系和实现经济社会繁荣中发挥重大作用。

(2)产教融合提高职业教育办学效益的有效手段。当前,我国职业院校虽然有了很大的发展,但仍然不能满足社会经济发展需求,既存在单体薄弱、资源不足等问题,也存在教学与生产脱节、专业与产业脱离、办学效益不高等问题。产教融合可有效整合校企优质办学资源,通过搭建课程、师资、专业、社会服务、实训、对外合作等平台,促进教育链、人才链、产业链、创新链的有机衔接,实现资源共建共享,既增强企业核心竞争力、汇聚发展新动能,又能推动职业学校的组织架构、教学方式变革,有效解决机制藩篱和资源不足等问题,提升职业院校综合实力和办学效益。

当前,职业教育中学校知识技能与企业实际需求脱节,高层次应用型人才短缺。职业院校人才培养在目标、内容、模式上与企业需求定位存在显著偏差,职业教育发展跟不上产业发展步伐,人才培养不能适应产业发展的需求和速度。为了适应汽车制造业的复杂化生产变化,汽车企业纷纷积极开展产教融合,深入联结校企供需关系,校企共同培养技术技能人才成为大势所趋。广汽集团为了踏实推动产教融合,培养能够满足自身企业需求的人才,积极开展"引教入企"工作,与地方优秀职业院校合作,以企业自身投资和资产为基础,以企业自主开展职业教育培训为主导,创建了"工匠学院"这一新型的产教融合模式。与职业院校综合性的专业、课程设置不同,工匠学院是以企业为主体的职业教育办学模式,因而企业的需求和专业化方向是产教融合和人才培养的根本导向。相较于职业院校,企业能够更敏锐地把握市场对于相关人才的专业要求,更加精准地设置人才培养目标,并进行课程和教学改革,以企业的专业化为导向,实现产教有机融合。

2.各级政府各部门运用评估结果,开展产教融合效能评价,作为绩效考核、投入引导、试点开展、表彰激励的重要依据

2018年9月,中华职教社、中国机械工业联合会联合主办的全国装备制造业产教融合现场会在长沙召开,会上介绍并推广了上述产教融合"五对接"具体合作和"五维度"评价模式的研究与实践。在以上五个维度的基础上,可以得出每个学校(学院)产教融合的综合水平指标,由此计算出每个区域或行业产教融合的综合水平指标,整个国家的产教融合的第三方评价指标体系得以建成。从实践领域看,我国为推进职业教育产教融合已经颁布和实施了一系列政策措施,各种形态或形式的产教融合在各地、各院校广泛开展,如职业教育集团建设、职教园区建设、现代学徒制试点、共享型实训基地建设、教师下企业实践、学生顶岗实习、产教融合型企业培育等,探索形成了很多宝贵经验。但总体上,产教融合的质量和效果不尽如人意,各方需求没有得到有效满足。当前无论是职业教育集团建设、职教园区建设、特色学徒制施行、"双师型"教师培育,还是高水平产教融合实训基地建设、产教融合型企业培育或 1+X 证书制度的实施,都只是推进与深化产教融合的措施和手段,这些措施和手段的真正落地需要政府投入大量的财力和物力,也离不开学校和企业的物质资源、人力资本的投入和支持。那么,这些融合性的措施最终效果如何,能否实现国家产教融合整体性治理的多维价值目标,还需要实践的检验和测评。能否通过效能评价这一工具挖掘到真问题,提出有效的融合对策和建议,提升资源使用效率和效益,同时为政府提供绩效考核、投入引导、试点开展、表彰激励的重要依据,这凸显出效能评价的实践价值意蕴。

近年来,国家从认识上重视职业教育产教融合的制度和机制建设,各地不断探索实践,产教融合取得了显著成就。但国家和地方职业教育产教融合法制建设仍然十分薄弱。国家层面上存在的相关问题主要表现为:第一,政府自身对如何发挥主导作用认识不足,对实现主导作用的形式和路径缺少探索和经验积累,相关产教融合的法律和政策制度不健全,协调引导作用有待加强;第二,产教融合的管理体制尚不完善,政府及其部门参与的职责分工有待明确;第三,政府主导不足,导致产教融合多方参与、沟通对话、经费投入引导和保障机制、监督评价机制等还不完善,资源整合力度不够,对参与职业教育优惠政策宣传力度不够;第四,政府支持的社会化评价机制不健全,参与合作的企业资质缺乏明确规定和认定,企业参与合作的效果缺乏整体评价;第五,职业准入、职业资格证书与人才培养的关联性不够,产教融合的教育规范和标准不够成熟。

3.根据评估结果评先评优,并对先进职业院校及区域、行业在政策、项目、资金等方面予以大力支持

选择一部分办学基础较好的高职院校给予资助,大力支持这些基础较好的职业院校进行教育教学改革,鼓励其进行人才培养模式的创新,有效提升师资队伍建设水平和服务社会能力,发挥引领示范作用。地方政府一是要建立产教融合基本制度,保障职业教育和区域产业同步规划建设,契合区域产业结构和经济特色,因地制宜、分层制定促进产教融合的地方性政策法规,拓展产教融合政策空间。二是设立专门机构,统筹管理产教融合中合作机制、资源配置、招生就业、利益分配等工作事项;建立产教沟通协商机制,同时为学校、企业、行业协会、社会组织等主体提供政策咨询、信息互通、资源共享服务,为产教融合系统的稳定运行、自我发展提供长期保障。三是从财政、制度上大力支持学校开展与区域产业对接的专业建设,不断提升人才培养质量和办学能力,增强区域内职业教育认可度,吸引企业、行业协会、社会组织等主体积极参与职业教育,为系统内部良性生产、成果推广创造条件。

4.把评估结果作为各类职业院校验收的条件之一

第一,突出质量导向,健全产教融合赋能教师专业发展的条件保障。要实施职业院校教师素质提升计划,营造良好产教融合环境条件。推动职业学校与大中型企业合作建设一批数量足够、质量优良的学校产教融合、校企共建的"双师型"教师培养培训基地、教师企业实践基地、教师企业实践流动站、技能大师工作室。产教融合开发教师实践培训项目,搭建教师企业实践信息服务平台。落实职业学校教师实践假期制度,完善在职教师定期到企业实践锻炼。第二,突出能力导向,健全产教融合赋能教师专业发展的经费保障。要完善学校产教融合专项经费投入保障机制和管理制度,持续增加学校产教融合的教师企业实践、企业挂职锻炼、企业访问工程师等培养培训经费投入。保证学校科研经费总额每年增长,主要用于应用性科学研究和科技创新服务,赋能教师专业发展。规范中央财政、省级财政、市级财政下拨的产教融合专项资金,使用合理、规范,专款专用,发挥专项资金的最大效益,提升学校产教融合吸纳社会资金能力。第三,突出贡献导向,健全产教融合赋能教师专业发展的督导保障。要完善学校产教融合的教师企业实践、企业挂职锻炼、企业访问工程师等工作的督导检查制度。加强督导组织领导、接受社会监督,引入第三方评价,及时反馈评价信息,有效运用督导评估结果,持续改进产教融合赋能教师专业发展。

5.把评估结果作为遴选相关职业院校的门槛条件

第一,明确和落实行业企业参与高职学校产教融合的激励政策。国家政策文件一再提出为行业企业参与高职学校办学提供优惠,但由于国家政策设计不明确等原因使相关政策没有很好贯彻落实,许多行业企业根本不知道国家可以提供政策优惠。缺乏长期的利益激励,是行业企业参与高职学校治理动力不足的主要原因。《国家职业教育改革实施方案》提出,在开展国家产教融合建设试点基础上,建立产教融合型企业认证制度,对进入目录的产教融合型企业给予"金融+财政+土地+信用"的组合式激励,并按规定落实相关税收政策。试点企业兴办职业教育的投资符合条件的,可按投资额一定比例抵免该企业当年应缴教育费附加和地方教育附加。为避免这些优惠政策落空,管理部门应该迅速出台组合式激励和税费减免的制度执行标准,加大宣传力度,吸引优秀的行业企业参与高职学校治理。第二,适当扩大社会参与高职学校治理的权限。保证社会力量在学校董事会或理事会中的成员比例达到三分之一以上,扩大高职学校理事会或董事会的职能,扩大社会力量在学校办学中的决策权,探索建立党委领导下的校长办公会、学校董事会或理事会、学术委员会共同决定学校重大事务的"三会"治理机构。第三,严格社会机构遴选,加强社会治理主体对教育的理解。建立公开透明规范的民办职业教育准入、审批制度,严格审查和规范社会力量举办和参与高职学校办学。严格"1+X"证书企业和产教融合型企业遴选,建立产教融合试点企业退出机制,坚决治理"假参与、滥发证"现象。严格第三方教育质量评价机构认定,规范招标程序,公开发布第三方教育质量评估报告。加强制度设计论证,充分考虑制度执行的成本和阻力,落实责任制,确保好的产教融合制度能够被社会力量执行。通过教育培训和多方交流,让社会主体明确教育发展的目标和矛盾,提升其参与高职学校治理的素质和能力。产教融合也成为这一期间各省建设优质校的重点任务。江苏、广东、浙江、湖南等省率先启动省级优质校建设计划,均将探索推进"产教融合"列为其建设重点。

产教融合作为职业教育的本质要求,是高职院校内涵建设和高质量发展的关键。坚持产教融合已经成为职业教育领域的共识,高职院校推进产教融合的工作在一定程度上反映了其办学水平,不论是教育主管部门对高职院校的绩效考核,还是各类重大项目遴选指标的设定,产教融合的相关比重越来越大。高职院校存在提高人才培养质量的竞争压力,在学校层面,从国家示范性高等职业院校建设到创新发展行动计划的优质校认定,再到中国特色高水平学校建设;在专业层面,从国家示范专业建设到中央财政支持高等职业学校提升专业服务能力项目,从国家骨干专业认定到高水平专业群建设;在课程方面,从国家精品课程、国家精品资源共享课到国家精品在线开放课程,以及专业教学资源库、教学成果奖、教师教学创新团队等具有重要影响力的建设项目,均是项目驱动的结果,在这些项目建设中产教融合贯穿始终,高职院校之间的竞争正是在一次次项目遴选中强化。由于高职院校多是服务地方发展、行业特色鲜明的院校,院校之间的竞争不是针对同类行业企业资源的直接竞争,而是在实现产教融合体制机制、方式方法、人才培养等方面的间接竞争,谁在深化产教融合方面取得业绩,谁在服务区域经济社会发展中取得成效,谁就在高职院校发展中获取了主动权,谁就在项目遴选中占据了比较优势。

只有让各方"有利可图",产教融合才能真正展开,实训基地建设才会越来越好,因此要构建互惠合作的人才培养成本分担机制。首先,制定具体的政策法规,破解政府、学校、企业合作松散的问题,形成政府主导、社会参与、运行主体多元的实训基地运作机制。通过政府搭桥,校企协同推进校内生产性实训基地建设,共同承担人才培养责任和成本,明确责权利关系。其次,落实"金融+财政+土地+信用"的组合式激励政策,推进产教融合型企业建设。政府要将对实训基地建设的支持度作为产教融合型企业遴选的重要标准之一,切实重视实训基地改革的价值功能。在实训基地建设过程中,政府通过加大财政税收优惠力度,提高企业参加产教融合的积极性;统筹区(县)域职业教育实训基地建设,以职业教育集团化为推动平台,促进技术、资本、人才等要素的流动。最后,建立由股东会、董事会、监事会构成的实训基地法人治理结构,将实训教学管理、生产过程管理、设备管理、学生管理等纳入统一管理,实现生产性实训、顶岗实习、创业培训、"双师型"教师培训和技术研发等目标。总之,政府要加强财政保障和金融服务,落实和完善税收优惠政策,加大对产教融合型企业的支持力度,推进实训基地共建共享工作,实现资源利用效率最大化和社会效益最大化。

125

参考文献

[1]卢泓.管玲俐:《福斯特职业教育思想对我国当前高职教育的启示》,载《职业教育研究》,2009第 3 期。

[2]黄湘倬,王德清.潘懋元"教育内外部关系规律"理论的价值研究[J].湖南社会科学,2010(05):181–183.

[3]向罗生.职业教育产教融合、校企合作第三方评价研究[J].教育与职业,2021(02):49–53.DOI:10.13615/j.cnki.1004–3985.2021.02.012.

[4]向罗生.职业教育校企合作"5+5"办学模式探究[J].教育与职业,2020(06):52–56.

[5] 中国人民共和国教育部. 国家中长期教育改革和发展规划纲要 (2010–2020 年)[EB/OL].(2010–07–29).http://www.gov.cn/jrzg/2010–07/29/content_1667143.htm.

[6]姜姝娟,梁秀荣,姜书彬.公立高等职业学校法人治理结构探析[J]. 机构与行政,2014(05):42.

[7] 卢竹,雷世平. 国外大学治理对我国混合所有制职业院校法人治理结构的启示 [J]. 职教通讯,2017(4):10.

[8] 伍成艳. 职业教育供给侧改革的内涵、理念与路径探索[J]. 教育与职业,2017(3):14.

[9] 任寰. 职业教育技能型人才"工匠精神"培养研究[D]. 武汉:湖北工业大学,2017.

[10] 周念云. 高等职业人才培养目标体系研究[D]. 桂林:广西师范大学,2006.

[11] 陈斐. 职业院校"双师型"队伍建设存在的问题及对策[J]. 现代交际,2019(1):159–160.

[12] 彭琰. 校企合作下高职双师型队伍建设路径[J]. 智库时代,2019(24):98.

[13] 承小贤. 校企合作视阈下高职"双师型"队伍建设的问题与对策[J].职业教育研究,2019(11):267.

[14] 毛丽阁. 我国高等职业教育多元化考试招生制度研究[D]. 武汉:华中师范大学,2017.

[15] 王永红.高等职业教育实现社会服务的路径探索[J],中国成人教育,2012(12):96–97.

[16] 吴佳露. 职业院校教师企业实践制度运行问题及对策研究 [D]. 秦皇岛:河北科技师范学院,2017.

[17] 雷世平,姜群英.职业院校学生企业实习制度研究[J]. 理论经纬,2012(25):9–11.

[18] 郑国萍. 高校科研成果转化为教学资源的困境与改进策略 [J]. 湖北成人教育学院学报,2020(26):9–11.

[19] 巴世光,许冰冰. 职业院校开展行业企业培训的作用、问题与途径 [J]. 教育与职业,2017(1):57–58.

[20] 康佳. 企业与职业院校教师互评机制构建的研究[D]. 南京:南京师范大学,2019:48–49.

[21] 林伟连. 产学研合作共同体:内涵特征与构建路径[J]. 高等工程教育研究,2013(4):48–51.

[22] 肖荣辉. "校企协同"科研平台建设与运营[J]. 中国高校科技,2017(08):11–13.

[23] 兰小云. 行业高职院校校企合作机制研究[D]. 上海:华东师范大学,2013.

[24] 易元祥,沈红. 关于高等职业教育核心竞争力的思考[J]. 高等工程教育研究,2004(6):63–66.

[25] 钟雪. 职业教育管理体制的创新与改革[J]. 产业与科技论坛,2019(14):253-254.

[26] 胡方霞,郭文剑,李晓辉. 基于产教融合的"三教"改革探索与实践[J]. 科教文汇,2021(3):133-134.

[27] 昝和平,赵海晋,李彦岗. 高职院校培训、科研与产学研合作平台的建设[J]. 教育理论与实践,2010(12):18-19.

[28] 王莉. 高职院校产教融合评价体系优化探析[J]. 教育与职业,2019(22):98-101.

[29] 秦虹. 职业教育专业链、人才链与产业链对接的探索——以天津职业院校与产业发展为例[J]. 教育科学,2013(5):79-80.

[30] 翟建华. 基于特色高水平职业院校建设的科研创新路径 [J]. 天津中德应用技术大学,2020(1):16-17.

[31] 吴珊珊. 产教融合背景下企业员工与高职教师双向流动的逻辑与策略[J]. 佳木斯职业学院学报,2018(4):4-7.

[32] 刘兴元. 加强校企深度合作,实现职业岗位对接——深度校企合作典型案例[J]. 职教视点,2016(3):21-22.

[33] 谭辉平,李芹,廖俊杰等. 做实高职顶岗实习,有效推进工学结合[J]. 中国高教研究,2008(1):69-70.

[34] 王少宾,康书光,任媛媛. "深化产教融合、校企合作":高职教育与继续教育联动融合发展实践[J]. 文教资料,2018(19):88-92.

[35]李梦卿,陈佩云."双高计划"背景下高等职业教育评价:原则、功能及院校应对[J].当代职业教育,2020(3):4-9.

[36]唐小艳.管办评分离视域下职业教育第三方评价的运行模式[J]. 现代教育管理,2020(6):96-100.

[37]徐红勤,崔靖宇,潘瑞雪.职业教育多元化社会评价机制实施条件与配套改革研究[J].现代教育管理,2019(2):108-112.

[38]雷正光.新时代职业教育第三方评价机制构建[J].教育与职业,2019(5):13-17.